Wolfgang Kahl

Die Schutzergänzungsfunktion von Art. 2 Abs. 1 Grundgesetz

Zugleich ein Beitrag zur Lehre der Grundrechtskonkurrenzen

Mohr Siebeck

Wolfgang Kahl, geboren 1965; 1985–92 Studium der Rechtswissenschaften in Augsburg; 1988–95 Zweitstudium der Politikwissenschaften in Augsburg und München; 1992 Promotion; 1994 Zweites juristisches Staatsexamen; 1994–99 Wissenschaftlicher Assistent am Lehrstuhl für Öffentliches Recht, Wirtschaftsverwaltungsrecht und Umweltrecht der Universität Augsburg; 1999 Habilitation; 2000 Ernennung zum Oberassistenten an der Universität Augsburg; Sommersemester 2000 Vertretung der Professur für Öffentliches Recht II an der Justus-Liebig-Universität Gießen; Juni 2000 Annahme eines Rufs auf diese Professur.

Die Deutsche Bibliothek – CIP-Einheitsaufnahme

Kahl, Wolfgang:
Die Schutzergänzungsfunktion von Art. 2 Abs. 1 GG ; zugleich ein Beitrag zur Lehre der Grundrechtskonkurrenzen / Wolfgang Kahl. –
1. Aufl., – Tübingen : Mohr Siebeck, 2000
ISBN 3-16-147376-0

Das Buch wurde von Computersatz Staiger in Pfäffingen aus der Bembo-Antiqua belichtet, auf alterungsbeständiges Werkdruckpapier der Papierfabrik Niefern gedruckt und von der Großbuchbinderei Heinr. Koch in Tübingen gebunden.

Vorwort

Art. 2 Abs. 1 GG, obwohl von Literatur und Rechtsprechung mit vielfältigen Äußerungen bedacht, gehört noch immer zu den am wenigsten geklärten Grundrechten des Grundgesetzes. Die vorliegende Untersuchung, welche hervorgegangen ist aus dem Habilitationsvortrag, den der Verfasser am 1. Dezember 1999 vor der Juristischen Fakultät der Universität Augsburg gehalten hat, nähert sich dem „Hauptfreiheitsrecht" aus der Perspektive der – im öffentlichen Recht bis heute stiefmütterlich behandelten – Grundrechtskonkurrenzen. Basierend auf einer (kritischen) Analyse der Rechtsprechung des Bundesverfassungsgerichts bemüht sich der Verfasser um eine Systematisierung, Konturierung und dogmatische Verarbeitung der in der Judikatur in großer Zahl anzutreffenden Fälle eines, sachlich mehr oder weniger einleuchtenden, „Dazu-Zitierens" von Art. 2 Abs. 1 GG neben einem gleichzeitig für anwendbar erklärten, an sich speziellen Freiheitsrecht. Hierfür wird die Kreation einer eigenständigen Konkurrenzkategorie („Schutzergänzungsfunktion") vorgeschlagen.

Gewidmet ist die Abhandlung meinem verehrten Lehrer, Herrn Prof. Dr. Reiner Schmidt (Universität Augsburg), in großer Dankbarkeit und in Verbundenheit.

Augsburg, im Juni 2000 *Wolfgang Kahl*

Inhaltsverzeichnis

Abkürzungsverzeichnis

aaO.	am angeführten Ort
AK	Alternativkommentar
Anm.	Anmerkung
AöR	Archiv des öffentlichen Rechts
Art.	Artikel
Aufl.	Auflage
Bad.-Württ.	Baden-Württembergische(r, -s)
Bay	Bayerische(r, -s)
Bay. Verf.	Bayerische Verfassung
Bd.	Band
BGB	Bürgerliches Gesetzbuch
BGH	Bundesgerichtshof
BGHZ	Entscheidungen des Bundesgerichtshofs in Zivilsachen
BK	Bonner Kommentar
BVerfG	Bundesverfassungsgericht
BVerfGE	Entscheidungen des Bundesverfassungsgerichts
BVerwG	Bundesverwaltungsgericht
BVerwGE	Entscheidungen des Bundesverwaltungsgerichts
bzw.	beziehungsweise
ders.	derselbe
Diss. iur.	Juristische Dissertation
DÖV	Die Öffentliche Verwaltung
DVBl.	Deutsches Verwaltungsblatt
EG	Europäische Gemeinschaft
EGV	Vertrag über die Gründung der Europäischen Gemeinschaft (in der Fassung des Amsterdamer Vertrags vom Nov. 1997)
ErgLdR	Ergänzbares Lexikon des Rechts
ESVGH	Entscheidungssammlung des Verwaltungsgerichtshofs Baden-Württemberg
EU	Europäische Union
EuGH	Europäischer Gerichtshof
EUV	Vertrag über die Gründung der Europäischen Union (in der Fassung des Amsterdamer Vertrags vom Nov. 1997)
f.	folgende (Seite)
ff.	folgende (Seiten)
Fn.	Fußnote
FS	Festschrift
GG	Grundgesetz

GrR	Grundrechte
h.L.	herrschende Lehre
h.M.	herrschende Meinung
Hrsg.	Herausgeber
HStR	Handbuch des Staatsrechts der Bundesrepublik Deutschland
HVerfR	Handbuch des Verfassungsrechts
i.e.S.	im engeren Sinn
insbes.	insbesondere
i.S.d.	im Sinne des
i.V.m.	in Verbindung mit
i.w.S.	im weiteren Sinn
JA	Juristische Arbeitsblätter
JöR	Jahrbuch des öffentlichen Rechts
Jura	Name einer juristischen Ausbildungszeitschrift
JuS	Juristische Schulung
JZ	Juristenzeitung
Ls.	Leitsatz
m.E.	meines Erachtens
MedR	Medizinrecht
m.w.Nachw.	mit weiteren Nachweisen
m.z.w.Nachw.	mit zahlreichen weiteren Nachweisen
NJW	Neue Juristische Wochenschrift
Nr.	Nummer
NVwZ	Neue Zeitschrift für Verwaltungsrecht
Rn.	Randnummer
Rspr.	Rechtsprechung
S.	Seite
sog.	sogenannte
StGB	Strafgesetzbuch
StPO	Strafprozessordnung
st. Rspr.	ständige Rechtsprechung
u.a.	unter anderem
VBlBW	Verwaltungsblätter für Baden-Württemberg
VerfGH	Verfassungsgerichtshof
vgl.	vergleiche
VVDStRL	Veröffentlichungen der Vereinigung der Deutschen Staatsrechtslehrer
VwGO	Verwaltungsgerichtsordnung
z.B.	zum Beispiel
ZPO	Zivilprozessordnung
ZSchwR	Zeitschrift für Schweizerisches Recht
ZUM	Zeitschrift für Urheber- und Medienrecht

I. Einleitung

Die Würde des Menschen bildet das geistige Zentrum, mit dem BVerfG gesprochen, den obersten Wert der deutschen Verfassungsordnung[1]. Das Menschenbild des Grundgesetzes basiert – in der Tradition der Aufklärung und insbesondere Kants – auf der Vorstellung eines autonomen, erkenntnisfähigen Individuums mit Subjektqualität[2]. Art. 1 Abs. 1 GG ist es auch, der dem Art. 2 Abs. 1 GG in besonderer Weise sein inhaltliches Gepräge verleiht[3] und zusammen mit diesem ein Verfassungskonzept ausformt, welches

---

[1] BVerfGE 6, 32 (41), st. Rspr.; vgl. auch BVerfGE 69, 1 (22): „Das Grundgesetz geht von der Würde der freien, sich selbst bestimmenden Person als höchstem Rechtswert aus (Art. 1, 2 Abs. 1 GG)." Ferner BVerfGE 50, 166 (175); 54, 148 (153); 65, 1 (41); 96, 375 (398).

[2] Vgl. – in kritischer Auseinandersetzung mit der grundsätzlich anders ansetzenden Systemtheorie – *Oliver Lepsius*, Steuerungsdiskussion, Systemtheorie und Parlamentarismuskritik, 1999, S. 52 ff., 63 ff., 71 f. m.z.w.Nachw. *Lepsius* (ebd., S. 68 ff.) weist überzeugend nach, dass die Systemtheorie wegen der verlorengegangenen Subjektqualität des Menschen Grund- und Menschenrechte nicht mehr als subjektive Rechte begreifen kann; exemplarisch hierfür der diametral anders gelagerte Ansatz bei *Karl-Heinz Ladeur*, Postmoderne Rechtstheorie, 1992, insbes. S. 176 ff.; *Thomas Vesting*, Prozedurales Rundfunkrecht, 1997, S. 104 ff., 220 ff., und passim; *ders.*, Soziale Geltungsansprüche in fragmentierten Öffentlichkeiten, AöR 122 (1997), S. 337 (354 f.), wo die Verbindungen der Meinungsfreiheit zu Art. 1 Abs. 1 und Art. 2 Abs. 1 GG explizit aufgegeben werden und eine Lossagung von der Tradition der Aufklärung erfolgt. Diese Ansätze sind mit dem im Grundgesetz dominanten liberalen Grundrechtsverständnis (statt aller BVerfGE 7, 198 [204 f.]; 50, 290 [337 f.]; *Josef Isensee*, in: ders./Paul Kirchhof [Hrsg.], Handbuch des Staatsrechts der Bundesrepublik Deutschland, Bd. V, 1992, § 111 Rn. 22 ff.) schwerlich vereinbar. Sie werden daher nachfolgend ausgeblendet. Zum Zusammenhang zwischen Menschenwürde und einer Theorie materialer rechtlicher Freiheit *Christoph Enders*, Die Menschenwürde in der Verfassungsordnung, 1997, S. 64 ff. m.w.Nachw.; zum Ganzen schließlich noch *Friedhelm Hufen*, Verfassungstheorie und Systemtheorie, AöR 100 (1975), S. 193 ff.; ausgreifend zu den philosophischen, psychologischen, soziologischen und anthropologischen Bezügen des Art. 2 Abs. 1 GG *Walter Roemer*, Zum Grundrecht der freien Entfaltung der Persönlichkeit, Festschrift zum hundertjährigen Bestehen des Deutschen Juristentages, Bd. I, 1960, S. 545 (552 ff.).

[3] BVerfGE 6, 32 (41); 27, 1 (6); instruktiv *Robert Alexy*, Theorie der Grundrechte, 2. Aufl. (1994), S. 309 ff. (insbes. 321 ff.), der die m.E. gegenwärtig überzeugendste theoretische Fundierung zu Art. 2 Abs. 1 GG vorgelegt hat. Die soziale Kommunikation in den Mittelpunkt stellendes Alternativkonzept bei *Niklas Luhmann*, Grundrechte als Institution, 1965, S. 53 ff., und – unter zusätzlicher Herausstellung des Gegenseitigkeitsaspekts – *Dieter Suhr*, Entfaltung der Menschen durch die Menschen, 1976, insbes. S. 78 ff., 105 ff. („homo homini ad hominem medium"); vgl. daneben *Görg Haverkate*, Verfassungs-

den Einzelnen als eigenverantwortliche Persönlichkeit begreift, die sich in Gemeinschaftsbezogenheit und in Gemeinschaftsgebundenheit[4] frei entfalten soll[5].

Abgesehen von Art. 2 Abs. 1 GG wird die Freiheit menschlicher Betätigung durch die Art. 2 Abs. 2 und Art. 4 ff. GG geschützt. Damit ist die Frage des *Konkurrenzverhältnisses* zwischen beiden Normkomplexen aufgeworfen, versteht man unter Grundrechtskonkurrenz eine Situation, in der „ein Grundrechtsträger mehrere Grundrechtsnormen für ein und denselben Sachverhalt beansprucht“[6]. Vorliegend geht es, genauer gesprochen, um einen Fall horizontaler Grundrechtskonkurrenz, während das Gegenstück, die vertikale Grundrechtskonkurrenz, die Relation EG-Grundrechte-Bundesgrundrechte-Landesgrundrechte im Auge hat. Die Grundrechtskonkurrenz ist begrifflich zu scheiden von der Grundrechtskollision, bei der es um das Zusammentreffen mehrerer aktuell oder potentiell konfligierender Grundrechte verschiedener Grundrechtsträger geht[7]. Beide, Grundrechtskonkurrenz und Grundrechtskollision, werden bisweilen unter dem Oberbegriff der Grundrechtskonflikte zusammengefasst[8].

Hinsichtlich der Konkurrenzrelation von Art. 2 Abs. 1 GG zu den nachfolgenden Freiheitsrechten kann seit dem Elfes-Urteil des Jahres 1957 als im Grundsatz geklärt gelten: Die besonderen Freiheitsgrundrechte schließen für ihren Bereich die Anwendung des Art. 2 Abs. 1 GG aus. Anders gewendet: Erstere sind als spezielle Rechte vorrangig („lex specialis derogat legi generali“)[9]. Das Prinzip scheint somit auf den ersten Blick

---

lehre, 1992, S. 192 ff., und passim, und aus rechtsphilosophischer Sicht *Rolf Gröschner*, Das Überwachungsrechtsverhältnis, 1992, S. 78 ff.

[4] BVerfGE 4, 7 (15 f.), st. Rspr.; daneben noch BVerfGE 45, 187 (227); 50, 290 (353); 56, 37 (49); 65, 1 (44). Zum Freiheitsbegriff des Grundgesetzes auch *Hans-Uwe Erichsen*, in: Josef Isensee/Paul Kirchhof (Hrsg.), Handbuch des Staatsrechts der Bundesrepublik Deutschland, Bd. VI, 1989, § 152 Rn. 1 ff., 20 ff. m.w.Nachw.

[5] BVerfGE 32, 98 (107 f.); 35, 202 (220); 48, 127 (163); 49, 286 (298); *Winfried Brugger*, Liberalismus, Pluralismus, Kommunitarismus, 1999, S. 381 (402 ff.); *Enders*, Menschenwürde, S. 152 ff., und passim; *Peter Häberle*, in: Josef Isensee/Paul Kirchhof (Hrsg.), Handbuch des Staatsrechts der Bundesrepublik Deutschland, Bd. I, 2. Aufl. (1995), § 20 Rn. 6.

[6] *Klaus Stern*, Das Staatsrecht der Bundesrepublik Deutschland, Bd. III/2, 1994, S. 1368.

[7] *Horst Dreier*, in: ders. (Hrsg.) Grundgesetz, Bd. I, 1996, Vorb. Rn. 98.

[8] *Albert Bleckmann*, Staatsrecht II – Die Grundrechte, 4. Aufl. (1997), § 14 Rn. 1; vgl. auch *Ingo von Münch*, in: ders./Philip Kunig (Hrsg.), Grundgesetz-Kommentar, Bd. 1, 4. Aufl. (1992), Vorb. Art. 1–19 Rn. 41 f., 44; sehr instruktiv *Herbert Bethge*, Grundrechtskonflikte, in: Ergänzbares Lexikon des Rechts, Bd. 2, 5/340 (1988), S. 1 ff.

[9] Vgl. BVerfGE 6, 32 (37); 37, 271 (290 f.); 42, 312 (323); 44, 1 (18 f.); 47, 253 (270); 50, 290 (362); 53, 257 (300); 54, 237 (251); 60, 215 (229); 61, 68 (72); 64, 208 (213); 65, 237 (248); 65, 297 (303); 67, 157 (171); 68, 193 (223 f.); 77, 84 (118); 77, 308 (339); 78, 179 (197); 79, 292 (304); 83, 182 (194); 84, 34 (58); 85, 219 (223); 89, 1 (13); 89, 48 (61); 93, 85 (94 f.); 95, 173 (188); 95, 193 (214); 97, 12 (25); 98, 265 (328); vgl. bereits Abg. *v. Mangoldt*,

einfach und klar, wenngleich vom BVerfG selbst in seiner Spruchpraxis nicht immer beachtet[10]: Zwischen Art. 2 Abs. 1 GG und Art. 2 Abs. 2, Art. 4 ff. GG besteht eine unechte Grundrechtskonkurrenz in Form der Gesetzeskonkurrenz[11] oder – zivilistisch ausgedrückt – der normverdrängenden Konkurrenz[12]. Die spezielle Norm verdrängt im konkreten Fall[13] die generelle *vollständig*, sei es aufgrund formaler Logik[14], sei es aufgrund

---

zit. nach JöR 1 (1951), S. 59 f. Ebenso die ganz h.L.; vgl. nur *H. Dreier*, in: ders., Grundgesetz, Art. 2 I Rn. 66; *Erichsen*, HStR VI, § 152 Rn. 25 ff.; *Lothar F. Fohmann*, Konkurrenzen und Kollisionen im Grundrechtsbereich, EuGRZ 1985, S. 49 (57); *Roman Herzog*, in: Theodor Maunz/Günter Dürig, Grundgesetz, Art. 5 I, II (1992) Rn. 32a; *Hans D. Jarass*, in: ders./Bodo Pieroth, Grundgesetz für die Bundesrepublik Deutschland, 5. Aufl. (2000), Art. 2 Rn. 2; *Philip Kunig*, in: Ingo von Münch/ders. (Hrsg.), Grundgesetz-Kommentar, Bd. 1, 4. Aufl. (1992), Art. 2 Rn. 88; *Hanns-Rudolf Lipphardt*, Grundrechte und Rechtsstaat, EuGRZ 1986, S. 149 (161); *Gerrit Manssen*, Privatrechtsgestaltung durch Hoheitsakt, 1994, S. 133; *Hans Carl Nipperdey/Günther Wiese*, Freie Entfaltung der Persönlichkeit, in: Karl August Bettermann/Hans Carl Nipperdey (Hrsg.), Die Grundrechte, Bd. IV/2, 1962, S. 741 (761); *Bodo Pieroth/Bernhard Schlink*, Grundrechte, Staatsrecht II, 15. Aufl. (1999), Rn. 369; *Wolf-Rüdiger Schenke*, Das Grundrecht des Art. 2 I GG, JuS 1987, S. L 65 (67); *Christian Starck*, in: Hermann von Mangoldt/Friedrich Klein/ders. (Hrsg.), Das Bonner Grundgesetz, Bd. 1, 4. Aufl. (1999), Art. 2 Abs. 1 Rn. 47 ff.; *Bruno Schmidt-Bleibtreu/Franz Klein*, Kommentar zum Grundgesetz, 9. Aufl. (1999), Art. 2 Rn. 10 f.; *Jürgen Schwabe*, Probleme der Grundrechtsdogmatik, 1977, S. 327; *Stern*, Staatsrecht III/2, S. 1393 m. Anm. 140; *Kurt Georg Wernicke*, in: Rudolf Dolzer (Hrsg.), Bonner Kommentar zum Grundgesetz, Art. 2 Anm. II 1 b; einschränkend *Wilfried Berg*, Konkurrenzen schrankendivergenter Freiheitsrechte im Grundrechtsabschnitt des Grundgesetzes, 1968, S. 161 ff.; *Peter Lerche*, Übermaß und Verfassungsrecht, 1961, S. 300; a.A. *Heinz-Gerd Sokolish*, Nochmals: Das Recht auf freie Entfaltung der Persönlichkeit, JuS 1976, S. 776 (778); *Jan Ziekow*, Über Freizügigkeit und Aufenthalt, 1997, S. 420.

[10] Systemwidrige „Sündenfälle", in denen die Spezialität der besonderen Freiheitsgrundrechte gegenüber Art. 2 Abs. 1 GG verkannt wurde, stellen etwa folgende Entscheidungen dar: BVerfGE 4, 7 (15 ff.); 8, 274 (327 ff., 330); 17, 306 (313 ff., insbes. 319); 19, 206 (215 ff., 225); 35, 382 (399 ff., 401 ff.); 90, 263 (276); BVerfG, NJW 1995, S. 2279 (2280). Vgl. die berechtigte – auf die Wirtschaftsgrundrechte gemünzte – Kritik von *Reiner Schmidt*, Öffentliches Wirtschaftsrecht, AT, 1990, S. 160, die Subsidiarität von Art. 2 Abs. 1 GG werde „nicht immer mit der wünschenswerten Klarheit und systematischen Stringenz beachtet". Ähnlich *Manssen*, Privatrechtsgestaltung, S. 133 („ausgesprochen inkonsequent"; deutlich relativierend aber aaO., S. 134); *Starck*, in: v. Mangoldt/Klein/ders., Das Bonner GG, Art. 2 Abs. 1 Rn. 72, 76 m. Anm. 225, 241; ferner *Rupert Scholz*, Das Grundrecht der freien Entfaltung der Persönlichkeit in der Rechtsprechung des Bundesverfassungsgerichts, AöR 100 (1975), S. 80 (114).

[11] *Detlef Merten*, in: Josef Isensee/Paul Kirchhof (Hrsg.), Handbuch des Staatsrechts der Bundesrepublik Deutschland, Bd. VI, 1989, § 144 Rn. 63; *Stern*, Staatsrecht III/2, S. 1377, 1386, 1393, 1401.

[12] Zur uneinheitlichen Terminologie *Karl Larenz/Claus-Wilhelm Canaris*, Methodenlehre der Rechtswissenschaft, 3. Aufl. (1995), S. 88 Anm. 28.

[13] Dazu, dass der Verdrängungsmechanismus nicht abstrakter Natur ist, vgl. nur *Manfred Degen*, Pressefreiheit, Berufsfreiheit, Eigentumsgarantie, 1981, S. 295 f. m.w.Nachw.

[14] *Karl Larenz*, Methodenlehre der Rechtswissenschaft, 6. Aufl. (1991), S. 267.

sachlicher Eigenständigkeit[15]. Eine Prüfung des „verbrauchten"[16] Generalrechts findet nicht mehr statt[17].

Bei genauerem Zusehen erweist sich die Grundrechtskonkurrenz zwischen Art. 2 Abs. 1 GG und den übrigen Freiheitsrechten jedoch als in vielerlei Hinsicht völlig ungeklärt. Dabei drängt sich dem Betrachter alsbald die Vermutung auf: Der Weg zu sachgerechten Aussagen und Ergebnissen führt möglicherweise nur über eine *differenzierende,* die schlichte Formel von der logischen Spezialität überwindende *Analyse.*

Als Ausgangsbefund gilt es festzuhalten: Die These, die speziellen Grundrechte und Art. 2 Abs. 1 GG könnten in keinem Fall gleichzeitig einschlägig sein[18], steht in deutlichem Kontrast zur Entscheidungspraxis des BVerfG. Dies herausgestellt zu haben, ist eines der Verdienste des ausführlichen und bis heute grundlegenden Rechtsprechungsberichts zum Recht auf freie Persönlichkeitsentfaltung, den *Rupert Scholz* im Jahre 1975 vorgelegt hat[19]. *Scholz* gelangte dabei unter anderem zu der Folgerung, „daß das Verhältnis von Art. 2 Abs. 1 (...) zu den Spezialfreiheitsrechten (...) sich kaum auf den schlichten Nenner von strikter Generalität und Spezialität bringen läßt, daß vielmehr auch bloße Teilspezialitäten bzw. Teilüberlagerungen gegeben sein können: und dies bedeutet nichts anderes, als daß Art. 2 Abs. 1 GG partiell auch neben den Spezialfreiheitsrechten bestehen bzw. selbst ‚speziell' sein kann"[20]. In einer Reihe von Fällen habe das BVerfG dem Art. 2 Abs. 1 GG eine supplementäre Wirkung zuerkannt und ziehe das Generalfreiheitsrecht „zur tatbestandlichen Verstärkung oder Ergänzung des Spezialfreiheitsrechts" heran, „obwohl", wie *Scholz* einschränkend hinzufügt, „das Gericht die Konsequenzen seiner diesbezüglichen Judikatur systematisch noch kaum voll überschauen dürfte"[21].

Auch *Walter Schmitt Glaeser*, der sich, soweit ersichtlich, neben *Scholz* bislang als Einziger näher[22] mit der Schutzergänzungsfunktion von Art. 2 Abs. 1 GG beschäftigt hat[23], geht von der Möglichkeit zur gegenseitigen

---

[15] *Friedrich Müller*, Juristische Methodik, 7. Aufl. (1997), Rn. 62. Parallel gelagerte Begründung der Vorrangregel bei *Ernst A. Kramer*, Juristische Methodenlehre, 1998, S. 83.

[16] Begriff von *Günter Dürig*, in: Theodor Maunz/ders., Grundgesetz, Art. 2 Abs. 1 (1958) Rn. 6; ebenso *Bethge*, ErgLdR, 5/340, S. 1 (3).

[17] *Berg*, Konkurrenzen, S. 163 m. Anm. 371; *Friedrich Müller*, Normbereiche von Einzelgrundrechten in der Rechtsprechung des Bundesverfassungsgerichts, 1968, S. 13.

[18] So aber *Andreas von Arnauld*, Die Freiheitsrechte und ihre Schranken, 1999, S. 54, 67; *Detlef Merten*, Das Recht auf freie Entfaltung der Persönlichkeit, JuS 1976, S. 345 (348).

[19] *Scholz*, AöR 100 (1975), S. 80 ff., 265 ff.

[20] *Scholz*, AöR 100 (1975), S. 115; vgl. auch, aaO., S. 122.

[21] *Scholz*, AöR 100 (1975), S. 80 (117).

[22] Erwähnung findet die Schutzergänzungsfunktion von Art. 2 Abs. 1 GG noch bei *Erichsen*, HStR VI, § 152 Rn. 28; der Sache nach auch *Starck*, in: v. Mangoldt/Klein/ders., Das Bonner GG, Art. 2 Abs. 1 Rn. 48, der vom „Daneben-Anwenden" von Art. 2 Abs. 1 GG spricht.

[23] Vgl. *Walter Schmitt Glaeser*, Die Meinungsfreiheit in der Rechtsprechung des Bundesverfassungsgerichts, AöR 113 (1988), S. 52 (64 f.).

Verstärkung der allgemeinen und der speziellen Freiheitsgewährleistungen aus, räumt jedoch ein: Im Bereich des „supplementären Funktionsverhältnisses“ sei „noch manches dogmatisch ungeklärt“[24]. *Schmitt Glaeser* lehnt es, anders als *Scholz*, ab, Art. 2 Abs. 1 GG „in Verbindung mit“ einem Spezialgrundrecht zur Anwendung zu bringen[25]. Die einzige Möglichkeit der „Schutzergänzung“ sieht er in einer Nebeneinanderanwendung von General- und Spezialfreiheitsrecht[26].

Im Folgenden soll die Frage, ob und – bejahendenfalls – unter welchen Voraussetzungen und in welchen Grenzen eine Idealkonkurrenz von Art. 2 Abs. 1 GG mit den Freiheitsgrundrechten oder eine Supplementarität bzw. „Spezialität“ von Art. 2 Abs. 1 GG möglich sind, näher beleuchtet werden. Den Ausgangspunkt bildet ein repräsentativer Problemaufriss anhand der Rechtsprechung des BVerfG zum Privatsphärenschutz (II.). Im Anschluss daran soll der Begriff der „Schutzergänzungsfunktion“ inhaltlich konturiert und zu benachbarten Konkurrenzformen abgegrenzt werden (III.). Sodann wird der Frage nachgegangen, ob der Kategorie der Schutzergänzungsfunktion vor dem Hintergrund der Grundrechtsdogmatik zu Art. 2 Abs. 1 GG (Stichworte: allgemeine Handlungsfreiheit oder Persönlichkeitskernschutz) und vor dem Hintergrund allgemeiner Konkurrenzlehren prinzipiell eine selbständige Existenzberechtigung zuerkannt werden kann (IV.). Im darauf folgenden Abschnitt werden die der Supplementierungsfunktion immanenten potentiellen Gefahren aufgezeigt (V.), um als Konsequenz hieraus das Postulat möglichst klarer und in der Tendenz eher restriktiver Voraussetzungen für ein Eingreifen der Schutzergänzungsfunktion zu formulieren (VI.) und die Abhängigkeit der Schutzergänzungsfunktion von der Auslegung der Einzelfreiheitsrechte, verbunden mit dem Plädoyer für eine vorsichtige Kurskorrektur, zu betonen (VII.). Der so skizzierte, eher einzelrechtsfreundliche, abstrakte Grundansatz soll schließlich anhand einer kritischen Rekonstruktion der Rechtsprechung des BVerfG auf seine konkrete Leistungsfähigkeit hin erprobt werden (VIII.).

---

[24] *Walter Schmitt Glaeser*, in: Josef Isensee/Paul Kirchhof (Hrsg.), Handbuch des Staatsrechts der Bundesrepublik Deutschland, Bd. VI, 1989, § 129 Rn. 41; tendenziell ebenso *Michael Sachs*, in: Klaus Stern, Das Staatsrecht der Bundesrepublik Deutschland, Bd. III/1, 1988, S. 650 in Anm. 123.

[25] Ausgeschlossen sei „eine (wie auch immer geartete) Kombination“; so *Schmitt Glaeser*, AöR 113 (1988), S. 52 (65).

[26] *Schmitt Glaeser*, AöR 113 (1988), S. 52 (65).

II. Problemaufriss anhand der Rechtsprechung des BVerfG zum Privatsphärenschutz

Das BVerfG geht im Anschluss an die Judikatur des BGH[27] in ständiger Rechtsprechung von der Existenz eines *allgemeinen Persönlichkeitsrechts* aus, das aus Art. 2 Abs. 1 GG folgt[28]. Es zitiert dabei zwar gewöhnlich[29] Art. 1 Abs. 1 GG mit, dies bedeutet aber nicht, dass es sich bei dem allgemeinen Persönlichkeitsrecht um ein „Zwillingsgrundrecht"[30] handeln würde. Die Nennung des Art. 1 Abs. 1 GG soll vielmehr nur die objektive Ausstrahlungswirkung der verfassungsrechtlichen Wertentscheidung und Richtlinie zugunsten des Schutzes der Menschenwürde zum Ausdruck bringen, welche „bei der Bestimmung von Inhalt und Reichweite" (BVerfG) des allgemeinen Persönlichkeitsrechts und bei der Abwägung mit kollidierenden Gütern zu beachten ist[31]. Die dogmatische Rubrizierung und die Prüfung auf der Eingriffs- und Rechtfertigungsebene[32] erfolgen ausschließlich un-

---

[27] BGHZ 13, 334 (337 f.); 24, 72 (76 ff.); 27, 284 (287); ergänzend *Hans Erich Brandner*, Das allgemeine Persönlichkeitsrecht in der Entwicklung durch die Rechtsprechung, JZ 1983, S. 689 ff.

[28] BVerfGE 27, 1 (6 f.); 27, 344 (350 f.), st. Rspr.

[29] Der nur sekundären Bedeutung von Art. 1 Abs. 1 GG entspricht es, dass das BVerfG als Rechtsgrundlage des Persönlichkeitsrechts häufig auch nur Art. 2 Abs. 1 GG zitiert; vgl. BVerfGE 38, 241 (253); 47, 46 (69, 80); 59, 360 (376); 88, 203 (203 – Ls. 5, 254); Sondervotum *Rottmann*, BVerfGE 55, 331 (340 f.); Sondervotum *Mahrenholz*, BVerfGE 88, 338 (340). Dies begegnet m.E. keinen Bedenken.

[30] Begriff von *Starck*, in: v. Mangoldt/Klein/ders., Das Bonner GG, Art. 2 Abs. 1 Rn. 15.

[31] Worin allerdings höchstens eine graduelle Besonderheit des allgemeinen Persönlichkeitsrechts gesehen werden kann, da es auch benannte Freiheitsrechte mit ausgeprägtem Menschenwürdegehalt gibt (z.B. Art. 4 GG). Differenziert und partiell (für den unantastbaren innersten Bereich der Persönlichkeitsentfaltung nach Art. 2 Abs. 1 GG) anders (stärkere Betonung des Selbststandes von Art. 1 Abs. 1 GG) *Enders*, Menschenwürde, S. 74 ff., 142 ff., 444 ff. (insbes. 444, 446); vgl. auch *Alexy*, Theorie der Grundrechte, S. 336; a.A. *Andreas von Arnauld*, Strukturelle Fragen des allgemeinen Persönlichkeitsrechts, ZUM 1996, S. 286 (287 ff.), demzufolge das allgemeine Persönlichkeitsrecht zwei „Muttergrundrechte" (Art. 2 Abs. 1 und Art. 1 Abs. 1 GG) aufweist, wobei die Verwandtschaft zu Art. 1 Abs. 1 GG die nähere sein soll.

[32] Grundsätzlich gilt die Schrankentrias; wie hier BVerfG, NJW 1999, S. 2358 (2359); *Dietwalt Rohlf*, Der grundrechtliche Schutz der Privatsphäre, 1980, S. 223; a.A., für eine Kombinationsschranke aus Art. 2 Abs. 1 und Art. 1 Abs. 1 GG, *v. Arnauld*, ZUM 1996, S. 286 (288 f.); *Kunig*, in: v. Münch/ders., Grundgesetz-Kommentar, Art. 1 Rn. 10; Art. 2 Rn. 30.

ter bzw. anhand von Art. 2 Abs. 1 GG[33]. Hierfür sprechen Gründe der Rechtssicherheit[34], der Wortlaut von Art. 2 Abs. 1 GG („Persönlichkeit"), aber vor allem die Notwendigkeit einer Beschränkbarkeit des allgemeinen Persönlichkeitsrechts, welche bei einer prioritären oder gleichrangigen Verankerung in Art. 1 Abs. 1 GG, der die Menschenwürde absolut schützt, nicht gewährleistet ist. Art. 1 Abs. 1 GG erhöht lediglich die Anforderungen an das legitime Ziel, das mit dem Eingriff verfolgt wird, und verstärkt abstrakt das Gewicht des allgemeinen Persönlichkeitsrechts im Rahmen der Abwägung (Verhältnismäßigkeit i.e.S.) mit den kollidierenden Rechtsgütern[35]. Mit anderen Worten: Im Rahmen der Prüfung allein anhand von Art. 2 Abs. 1 GG sind die spezifischen beeinflussenden Gehalte des Art. 1 Abs. 1 GG zu berücksichtigen.

Das allgemeine Persönlichkeitsrecht soll dem einzelnen Bürger die engere persönliche Lebenssphäre und die Erhaltung ihrer Grundbedingungen gewährleisten[36]. Das BVerfG hat dabei den Inhalt des allgemeinen Persönlichkeitsrechts bislang nicht abschließend umschrieben, sondern zieht es vor, mit dessen Ausprägungen im konkreten Einzelfall zu arbeiten[37]. Anerkannt als Schutzgüter des allgemeinen Persönlichkeitsrechts sind insbeson-

---

[33] Vgl. BVerfGE 27, 1 (6); 27, 344 (350 f.); 34, 238 (245 f.); 35, 35 (39); 54, 148 (153); 65, 1 (44); 79, 256 (269); ebenso *Martin Burgi*, Das Grundrecht der freien Persönlichkeitsentfaltung durch einfaches Gesetz, ZG 9 (1994), S. 341 (353); *H. Dreier*, in ders., Grundgesetz, Art. 2 I Rn. 50; *Dieter Grimm*, Sondervotum, BVerfGE 80, 164 (167); *Jarass*, in: ders./Pieroth, Grundgesetz, Art. 2 Rn. 29; *Dietrich Murswiek*, in: Michael Sachs (Hrsg.), Grundgesetz, Kommentar, 2. Aufl. (1999), Art. 2 Rn. 63; *Pieroth/Schlink*, Grundrechte, Rn. 373; *Schmitt Glaeser*, HStR VI, § 129 Rn. 25 f.; dezidiert *Starck*, in: v. Mangoldt/Klein/ders., Das Bonner GG, Art. 2 Abs. 1 Rn. 54 f., 160; eine Zitierung von Art. 1 Abs. 1 sogar für überflüssig haltend *Rohlf*, Privatsphäre, S. 238; a.A. *Max-Emanuel Geis*, Der Kernbereich des Persönlichkeitsrechts, JZ 1991, S. 112 (112); *Kunig*, in: v. Münch/ders., Grundgesetz-Kommentar, Art. 2 Rn. 30. Systematisch bildet das allgemeine Persönlichkeitsrecht genauso wie die allgemeine Handlungsfreiheit einen Teil von Art. 2 Abs. 1 GG als dem Grundrecht auf freie Entfaltung der Persönlichkeit; klar herausgearbeitet bei *Burgi*, aaO., S. 352. Die allgemeine Handlungsfreiheit hat dabei – als grobe Faustformel – mehr die aktive, das allgemeine Persönlichkeitsrecht dagegen schwerpunktmäßig die passive Komponente menschlichen Personseins zum Gegenstand; vgl. BVerfGE 54, 148 (153); *Ingo von Münch*, in: ders. (Hrsg.), Grundgesetz-Kommentar, Bd. 1, 3. Aufl. (1985), Art. 2 Rn. 75; ablehnend *Enders*, Menschenwürde, S. 448 f. Anm. 401; vgl. auch *Roemer*, FS DJT, Bd. I, S. 545 (569), der statt „allgemeiner Handlungsfreiheit" von „allgemeiner Verhaltensfreiheit" spricht.

[34] Aus Gründen der Rechtssicherheit und Rechtsklarheit ist eine Beschränkbarkeit „irgendwo ‚zwischen' Art. 2 I und Art. 1 I GG" inakzeptabel; so aber *v. Arnauld*, ZUM 1996, S. 286 (288).

[35] Eine Beschränkung des allgemeinen Persönlichkeitsrechts durch Gesetz verlangt innerhalb des Verhältnismäßigkeitsgrundsatzes, dass die Regelung dem „Schutz eines gewichtigen Gemeinschaftsgutes" dient; vgl. BVerfGE 90, 263 (271); 96, 171 (182); wie hier *Gerrit Manssen*, Grundrechte, 2000, Rn. 204 f.

[36] BVerfGE 54, 148 (153); 72, 155 (170); 96, 56 (61); 96, 171 (181). Vgl. auch BVerfGE 35, 202 (220); 79, 256 (268); 90, 263 (270).

[37] BVerfGE 54, 148 (153 f.); 72, 155 (170); 95, 220 (241); *Häberle*, HStR I, § 20 Rn. 22.

dere die Privat-, Geheim- und Intimsphäre[38], die persönliche Ehre[39], das Recht am eigenen Bild[40] und am eigenen Wort[41], das Recht auf Kenntnis der eigenen Abstammung[42], das Recht auf Einsicht in Krankenunterlagen[43], das Recht auf Verschonung vor der Unterschiebung nicht getaner Äußerungen[44], das Recht auf Schutz vor der fälschlichen Zuschreibung der Mitgliedschaft in Vereinigungen[45] sowie das Recht, selbst zu entscheiden, wann und innerhalb welcher Grenzen persönliche Lebenssachverhalte offenbart werden[46] (Schutz vor Selbstbezichtigung[47], Recht auf Gegendarstellung[48], Recht auf informationelle Selbstbestimmung[49])[50].

---

[38] BVerfGE 27, 1 (6); 44, 353 (372); 47, 46 (73); 49, 286 (298); 89, 69 (82 f.); 96, 56 (61); berichtend *Rohlf*, Privatsphäre, S. 87 ff. Ob das BVerfG sich wirklich von der zwischen Intim-, Privat- und Sozialsphäre differenzierenden Sphärentheorie (vgl. zu dieser berichtend *Rohlf*, aaO., S. 24 ff., 70 ff.; *Scholz*, AöR 100 [1975], S. 265 ff.) verabschiedet hat, wie im Schrifttum – unter Bezugnahme auf BVerfGE 65, 1 (45) – überwiegend behauptet wird (vgl. nur *Murswiek*, in: Sachs, Grundgesetz, Art. 2 Rn. 106; *Adalbert Podlech*, in: Alternativkommentar-Grundgesetz, 2. Aufl. [1989], Bd. 1, Art. 2 Abs. 1 Rn. 40), erscheint vor dem Hintergrund der neueren Judikatur äußerst zweifelhaft; vgl. verschiedene Sphären abschichtend BVerfGE 89, 69 (82 f.); 90, 255 (261), und vor allem BVerfGE 97, 228 (266); 99, 185 (196). Zwar weist die Sphärentheorie, wie jede Systematisierungskategorie, einen hohen Abstraktheitsgrad auf und führt nicht schon per se stets zu klaren und trennscharfen Resultaten (vgl. zur Kritik *Kunig*, in: v. Münch/ders., Grundgesetz-Kommentar, Art. 2 Rn. 41; *Podlech*, aaO. Rn. 37 ff. m.w.Nachw.), als starting point und als Grobraster für die Überlegungen im Zusammenhang mit der Rechtfertigung von Eingriffen in das allgemeine Persönlichkeitsrecht erscheint sie jedoch, vergleichbar der Drei-Stufen-Theorie zu Art. 12 Abs. 1 GG, durchaus tauglich; vgl. auch *v. Arnauld*, ZUM 1996, S. 286 (290 ff.).

[39] BVerfGE 54, 208 (217); 93, 266 (299 f.).

[40] BVerfGE 34, 148 (155); zuletzt grundlegend BVerfG, 1 BvR 653/96 v. 15. 12. 1999, zit. nach http://www.bverfg.de/cgi-bin/link.pl?presse.

[41] BVerfGE 34, 238 (245 f.); 54, 148 (155). Dazu, dass der Schutz vor unrichtigen Zitaten nicht durch Art. 5 Abs. 1 S. 1 1. Hs. GG, sondern durch Art. 2 Abs. 1 GG vermittelt wird, BVerfGE 54, 208 (217 ff.).

[42] BVerfGE 79, 256 (256 – Ls. 1, 268 ff.); 90, 263 (270); 96, 56 (63).

[43] BVerfG, NJW 1999, S. 1777.

[44] BVerfGE 34, 269 (282 f.); 54, 148 (148 – Ls. 1, 155); 54, 208 (217).

[45] BVerfGE 99, 185 (185 – Ls. 1, 193 ff.).

[46] BVerfGE 65, 1 (41 f.), st. Rspr.; vgl. auch BVerfGE 80, 367 (373); 84, 192 (194); 88, 87 (97); 96, 171 (181).

[47] BVerfGE 38, 105 (113 ff.); 56, 37 (42 f., 47, 49 f.); 95, 220 (241); 96, 171 (181); BVerfG, NJW 1999, S. 779.

[48] BVerfGE 63, 131 (142 f.); 73, 118 (201); BVerfG, NJW 1999, S. 483.

[49] BVerfGE 65, 1 (41 ff.), verstanden als „Schutz des Einzelnen gegen unbegrenzte Erhebung, Speicherung, Verwendung und Weitergabe seiner persönlichen Daten" (aaO., S. 43), st. Rspr.; vgl. BVerfGE 78, 77 (84); 84, 192 (194); 93, 181 (187); ausführlich *Christian Karaus*, Der grundrechtliche Schutz der Privatsphäre bei der Erhebung, Verarbeitung und Weitergabe von statistischen Daten, Diss. iur., Tübingen 1985.

[50] Vgl. auch *Christoph Degenhart*, Das allgemeine Persönlichkeitsrecht, Art. 2 I i.V. mit Art. 1 I GG, JuS 1992, S. 361 ff.; *Horst Ehmann*, Zur Struktur des Allgemeinen Persönlichkeitsrechts, JuS 1997, S. 193 ff.; *Hans D. Jarass*, Das allgemeine Persönlichkeitsrecht im Grundgesetz, NJW 1989, S. 857 ff.

Eine besonders wesentliche Ausprägung des allgemeinen Persönlichkeitsrechts ist der Schutz der *Privatsphäre*. Der Schutz der Privatsphäre ist thematisch und räumlich bestimmt. Er umfasst zum einen *thematisch* Angelegenheiten, die wegen ihres Informationsinhalts typischerweise als „privat" qualifiziert werden, weil ihre öffentliche Erörterung oder Zurschaustellung als unschicklich gilt, das Bekanntwerden als peinlich empfunden wird oder nachteilige Reaktionen der Umwelt auslöst, wie es etwa bei Auseinandersetzungen mit sich selbst in Tagebüchern, bei vertraulicher Kommunikation unter Eheleuten, im Bereich der Sexualität, bei sozial abweichendem Verhalten oder bei Krankheiten der Fall ist. Zum anderen erstreckt sich der Schutz auf einen *räumlichen* Bereich, in dem der Einzelne zu sich kommen, sich entspannen oder auch gehen lassen kann[50a]. Dem Einzelnen muss „um der freien und selbstverantwortlichen Entfaltung seiner Persönlichkeit willen ein ‚Innenraum' verbleiben, in dem er ‚sich selbst besitzt' und ‚in den er sich zurückziehen kann, zu dem die Umwelt keinen Zutritt hat (...), in dem man in Ruhe gelassen wird und ein Recht auf Einsamkeit genießt'"[51]. Dabei werden auch die Rückzugsmöglichkeiten im Ehelichen und Familiären in den Schutzbereich des Art. 2 Abs. 1 GG einbezogen, was mit der Notwendigkeit zur Sicherung der Vertraulichkeit und der Unbefangenheit der kommunikativen Innenbeziehungen sowie mit dem Gedanken der autonomen Selbstdarstellung der Ehepartner bzw. Familienangehörigen untereinander begründet wird[52].

Paradigmatisch lässt sich das dem Schutz der Privatsphäre zugrunde liegende Konzept des höchsten deutschen Gerichts anhand der *Briefkontroll-Entscheidungen* nachvollziehen. Dabei ging es in der Grundkonstellation jeweils darum, dass Untersuchungshäftlinge Briefe an enge Vertrauenspersonen, etwa den Ehepartner, den nichtehelichen Lebenspartner oder die Eltern, verfasst hatten, in denen sie sich mit dem Verlauf der Hauptverhandlung kritisch auseinander setzten, ihre eigene Unschuld beteuerten und bei dieser Gelegenheit Richter, Staatsanwälte oder Polizisten beleidigten[53]. Die Briefe wurden wegen des strafrechtlich (§§ 185 ff. StGB) relevanten Inhalts angehalten. Für die Zwecke der vorliegenden Studie sollen die zahlreichen, von den Briefkontroll-Fällen berührten, strafrechtlichen Aspekte ganz aus-

---

[50a] BVerfG, 1 BvR 653/96 v. 15.12.1999, Absatz-Nr. 75 f. m.w.Nachw.

[51] BVerfGE 27, 1 (6), unter Berufung auf *Josef M. Wintrich*, Zur Problematik der Grundrechte, 1957, S. 15 f., und daneben auf *Dürig*, in: Maunz/ders., Grundgesetz, Art. 1 (1958) Rn. 37. Ähnlich BVerfGE 34, 269 (281); 35, 202 (220); 44, 197 (203); 90, 255 (260). Zu den literarischen Bemühungen um eine positive Umgrenzung des Privatsphärenbegriffs vgl. *Schmitt Glaeser*, HStR VI, § 129 Rn. 11 ff. m.z.w.Nachw.

[52] *Rohlf*, Privatsphäre, S. 95, 99, 123 ff., und passim.

[53] Zur umgekehrten Konstellation, dass Briefe *an* Untersuchungsgefangene wegen der darin enthaltenen beleidigenden Äußerungen über Justizorgane angehalten werden, BVerfGE 34, 384 (399 f.); 35, 311 (315 ff., 320 ff.).

geblendet bleiben[54]. Das Augenmerk wird hier ausschließlich auf die verfassungsrechtliche Frage der *Auswahl des richtigen Prüfungsmaßstabes* gerichtet. In diesem Punkt erweist sich die Judikatur des BVerfG als durchaus schwankend.

In den ersten beiden Briefkontroll-Entscheidungen sah das Gericht in dem Anhalten des Briefes eine Verletzung des Grundrechts des Beschwerdeführers aus Art. 5 Abs. 1 S. 1 1. Hs. i.V.m. Art. 2 Abs. 1 GG[55]. Es stützte sich dabei, wie sich aus der Reihenfolge der Zitierung und aus der Entscheidungsformel[56] ergibt, primär auf die Meinungsäußerungsfreiheit und zog den Art. 2 Abs. 1 GG nur supplementierend heran[57]. Beide, Art. 5 Abs. 1 S. 1 1. Hs. und Art. 2 Abs. 1 GG, wurden zu einem einheitlichen Prüfungsmaßstab verbunden[58].

Anders in der dritten Briefkontroll-Entscheidung: Hier sah das BVerfG primär Art. 2 Abs. 1 GG als verletzt an, welcher durch die Verfassungsgarantie von Ehe und Familie in Art. 6 Abs. 1 GG eine besondere Verstärkung erfahre[59].

In seinen beiden bislang letzten und zugleich ausführlichsten Beschlüssen zur Kontrolle des Briefverkehrs von Strafgefangenen aus den Jahren 1994 und 1996 kehrte das BVerfG wieder zu seinem ursprünglichen Ansatz zurück und bediente sich als Prüfungsmaßstab des Art. 5 Abs. 1 S. 1 1. Hs. GG i.V.m. Art. 2 Abs. 1 und Art. 1 Abs. 1 GG[60]. Wörtlich führte es aus: „Die

---

[54] Grundlegend dazu *Bernd Schendzielorz*, Umfang und Grenzen der straffreien Beleidigungssphäre, 1993.

[55] BVerfGE 35, 35 (39 f.); 42, 234 (236); für eine ausschließliche Prüfung der Kontrolle von Briefen von Untersuchungsgefangenen am Maßstab von Art. 5 Abs. 1 S. 1 1. Hs. GG sogar noch BVerfGE 34, 384 (401 f.); vgl. auch BVerfGE 49, 24 (55, 68).

[56] BVerfGE 35, 35 (35 f.); 42, 234 (234 f.).

[57] Dagegen ist nach Ansicht von *Schmitt Glaeser*, AöR 113 (1988), S. 52 (64), „nicht erkennbar, auf welches Grundrecht der Senat den eigentlichen Akzent legen will und welchem Verstärkungsfunktion zukommen soll".

[58] Zweifel an der methodischen Zulässigkeit dieses Vorgehens äußert *Wand*, Sondervotum, BVerfGE 57, 204 (212).

[59] BVerfGE 57, 170 (177 f.); in der Frage des Prüfungsmaßstabs im Wesentlichen oder ganz übereinstimmend die Sondervoten der Richter *Hirsch*, aaO., S. 182 (191 f.), und *Wand*, aaO., S. 204 (211 ff.). Vgl. auch – für eine ähnliche Konstellation – BVerfGE 89, 315 (322). Bereits in den ersten beiden Briefkontroll-Entscheidungen (BVerfGE 35, 35 [40]; 42, 23 [236]) hatte das BVerfG den Aspekt des Schutzes der *ehelichen* Privatsphäre besonders betont, ohne allerdings Art. 6 Abs. 1 GG zu zitieren oder von einer Verstärkungswirkung zu sprechen. Zustimmend zur Praxis des BVerfG, insbesondere zur maßstabsmäßigen Zurückdrängung des Art. 6 Abs. 1 GG, *Kunig*, in: v. Münch/ders., Grundgesetz-Kommentar, Art. 2 Rn. 32 a.E.; *Bodo Pieroth*, in: Hans D. Jarass/ders., Grundgesetz für die Bundesrepublik Deutschland, 5. Aufl. (2000), Art. 6 Rn. 1; *Schendzielorz*, Umfang, S. 140 ff. (142), 145 ff.; *Schmitt Glaeser*, HStR VI, § 129 Rn. 3, 7 ff., insbes. 41; *Karl-Heinz Seifert/Dieter Hömig*, Grundgesetz für die Bundesrepublik Deutschland, 6. Aufl. (1999), Art. 1 Rn. 11.

[60] BVerfGE 90, 255 (259); übertragen auf die briefliche Kommunikation eines Untersuchungsgefangenen mit einer Person, zu der eine „eheähnliche Beziehung" besteht, durch BVerfG, NJW 1997, S. 185.

verfassungsrechtlichen Maßstäbe für die Würdigung von Äußerungen und die Zulässigkeit von Beschränkungen ergeben sich aus dem Grundrecht der Meinungsfreiheit. Da es sich um eine Äußerung in der von Art. 2 Abs. 1 in Verbindung mit Art. 1 Abs. 1 GG geschützten Privatsphäre handelt, *tritt dieses Grundrecht jedoch ergänzend hinzu.*"[61] Weiter stellt das Gericht fest: „Gerade bei Äußerungen gegenüber Familienangehörigen und Vertrauenspersonen steht häufig weniger der Aspekt der Meinungskundgabe und die damit angestrebte Einwirkung auf die Meinungsbildung Dritter als der Aspekt der Selbstentfaltung im Vordergrund. Nur unter den Bedingungen besonderer Vertraulichkeit ist dem einzelnen ein rückhaltloser Ausdruck seiner Emotionen, die Offenbarung geheimer Wünsche oder Ängste, die freimütige Kundgabe des eigenen Urteils über Verhältnisse und Personen oder eine entlastende Selbstdarstellung möglich. Unter solchen Umständen kann es auch zu Äußerungsinhalten oder -formen kommen, die sich der einzelne gegenüber Außenstehenden oder in der Öffentlichkeit nicht gestatten würde. Gleichwohl verdienen sie als Ausdruck der Persönlichkeit und Bedingung ihrer Entfaltung den Schutz des Grundrechts."[62] Der Schutz der genannten, auf dem Element der Vertraulichkeit basierenden, Persönlichkeitsrechte geht nach Ansicht der Karlsruher Richter auch nicht dadurch verloren, dass sich der Staat Kenntnis von vertraulich gemachten Äußerungen verschafft und der Absender dies weiß. Die Kenntnisnahme ändert nichts an der Zugehörigkeit der Äußerung zur grundrechtlich geschützten Privatsphäre. Diese wird infolge des Kenntnisnahmeakts nicht zur öffentlichen Sphäre[63].

---

[61] BVerfGE 90, 255 (259), Hervorhebung durch den Verf.

[62] BVerfGE 90, 255 (260); BVerfG, NJW 1997, S. 185 (186); i.Erg. ebenso BVerfG, NJW 1995, S. 1477 (1477). Generell zu dem durch Art. 2 Abs. 1 i.V.m. Art. 1 Abs. 1 GG vermittelten Schutz der Selbstbestimmung des Einzelnen über die Darstellung der eigenen Person BVerfGE 54, 148 (153); 63, 131 (142); 65, 1 (42); 82, 236 (269); 96, 56 (61); 97, 125 (148 f.); 97, 391 (403); 99, 185 (193 f.); BVerfG, NJW 1999, S. 2358 (2359). *Pieroth/Schlink*, Grundrechte, Rn. 373 ff., unterscheiden als durch Art. 2 Abs. 1 i.V.m. Art. 1 Abs. 1 GG geschützte Entfaltungsweisen des Subjekts: die Selbstbestimmung, die Selbstbewahrung und die Selbstdarstellung, wobei sie die Privatsphäre dem Recht der Selbstbewahrung zuordnen; systematisch auch *Schmitt Glaeser*, HStR VI, § 129 Rn. 30 ff., 33 ff., 42 ff.; daneben noch *Enders*, Menschenwürde, S. 444 ff., demzufolge Art. 2 Abs. 1 GG – im Anschluss an *Luhmann* – „in der Möglichkeit selbstbestimmten (d.i. zurechenbaren) Handelns ‚die sich in ihrer Selbstdarstellung individuell konstituierende Persönlichkeit' und damit die Identität des einzelnen mit sich selbst schützt" (aaO., S. 458).

[63] BVerfGE 90, 255 (261 f.).

III. Der Begriff der Schutzergänzungsfunktion

1. Inhaltsbestimmung

a) Definition

Von einer Schutzergänzungsfunktion kann zunächst immer dann gesprochen werden, wenn es sich um einen *teilbaren* Lebenssachverhalt[64] handelt, der nur *partiell* unter den Regelungsbereich spezieller Grundrechte fällt. Zu denken ist dabei exemplarisch an den Fall der unentgeltlichen Kurzberichterstattungsberechtigung öffentlich-rechtlicher Rundfunkanstalten. Hier hat das BVerfG entschieden, dass durch die genannten Rechte die wirtschaftlichen Verwertungsrechte der Veranstalter gemindert werden, und hat hierin einen Eingriff in Art. 12 Abs. 1 GG (berufsmäßige Veranstalter) und Art. 2 Abs. 1 GG (nicht-berufsmäßige Veranstalter) gesehen[65]. Dagegen hat es die seiner Auffassung nach selbständigen Hoheitsakte der Einräumung eines Zugangsrechts zu den Veranstaltungen (Art. 13 Abs. 1 GG) sowie der Beeinträchtigung des Rechts am eigenen Bild (Art. 2 Abs. 1 i.V.m. Art. 1 Abs. 1 GG) separat untersucht[66].

Die Supplementierungswirkung kommt ferner in Betracht, wenn ein zwar nicht teilbarer, aber *vielschichtig-komplexer* Lebenssachverhalt von einem speziellen Freiheitsgrundrecht nur *partiell* abgedeckt wird[67]. Die oben referierten Briefkontroll-Fälle liefern hierfür ein Beispiel par excellence.

---

[64] Maßgeblich ist, dass ein Sachverhalt unter mehrere Grundrechtstatbestände fällt. Dagegen möchte *Schwabe*, Probleme der Grundrechtsdogmatik, S. 324, auf den Hoheitsakt (Eingriff) abstellen; zu Recht abl. *Ziekow*, Freizügigkeit, S. 417, 419. Für die Entscheidung darüber, ob es sich überhaupt um einen einheitlichen Lebensvorgang handelt oder in Wirklichkeit nicht mehrere Sachverhalte vorliegen und damit gar keine Konkurrenzsituation gegeben ist, können die strafrechtlichen Überlegungen zu den Kategorien der Handlungseinheit („dieselbe Handlung" i.S.d. § 52 Abs. 1 StGB) bzw. Handlungsmehrheit mit Vorbehalten entsprechend herangezogen werden; vgl. dazu sowie zu den Möglichkeiten und Grenzen der *Sachverhaltszerlegung* als einer nur bedingt tauglichen Strategie zur Prävention von Konkurrenzproblemen *Manfred Lepa*, Grundrechtskonflikte, DVBl. 1972, S. 161 (164); *Schwabe*, ebd., S. 324 f.; *Stern*, Staatsrecht III/2, S. 1380 ff.; *Starck*, in: v. Mangoldt/Klein/ders., Das Bonner GG, Art. 1 Abs. 3 Rn. 254 (1. Fallgruppe).

[65] BVerfGE 97, 228 (252 ff., 263 f.).

[66] BVerfGE 97, 228 (265 f., 268 ff.).

[67] Frühzeitig mit klarer Analyse *Otto Bachof*, Freiheit des Berufs, in: Karl August Bettermann/Hans Carl Nipperdey/Ulrich Scheuner (Hrsg.), Die Grundrechte, Bd. III/1, 1958, S. 155 (169 f.).

Kennzeichen der Schutzergänzungsfunktion ist in beiden Varianten, dass erst beide, Spezialfreiheitsrecht(e) und Generalfreiheitsrecht, zusammengenommen zu einem flächendeckenden Grundrechtsschutz hinsichtlich des konkreten Verhaltens führen. Art. 2 Abs. 1 GG muss Schutzwirkungen entfalten, welche über diejenigen des einschlägigen Spezialfreiheitsrechts hinausreichen[68] und welche für eine vollständige grundrechtliche Erfassung des Hoheitsakts unverzichtbar sind[69]. Art. 2 Abs. 1 GG lagert sich dann quasi intern oder extern an den Schutzbereich des Spezialfreiheitsrechts an, wobei „intern" die „immanente Einfügung oder tatbestandliche Aufnahme von Annexfreiheiten" und „extern" die „äußere Hinzufügung einer gegenständlich, mit dem ‚Lebensbereich' des Spezialrechts verbundenen Annexfreiheit" meint[70]. Im Ergebnis entsteht so oder so richterrechtlich ein neues einheitliches Grundrecht von janusköpfiger Gestalt.

b) Schwerpunkttheorie

Die Prüfung des Eingriffs, der Schranken und der Schranken-Schranken (Rechtsfolgenbetrachtung) hat sich im Falle der Schutzergänzung zwingend an *einem* Grundrecht auszurichten. Ein Schranken-Mix verbietet sich aus systematischen Gründen ebenso wie eine beliebige Schrankenwahl. Maßgeblich für die Bestimmung des primär prüfungsrelevanten Grundrechts ist eine Schwerpunktbetrachtung nach dem Kriterium der „Meist-Betroffenheit"[71] bzw. der „Sachnähe"[72]. Das Schwergewicht kann dabei auf dem verstärkten (Spezial-)Grundrecht, aber auch auf dem verstärkenden (General-)Freiheitsrecht liegen. Dabei kommt es entscheidend auf eine wertende Betrachtung anhand des konkreten Einzelfalls an, welches Grundrecht „in erster Linie" bzw. „im Kern" betroffen ist. Nützlich ist in diesem Zusammenhang die auf den Fall der Schutzergänzung bestens passende Unterscheidung von *Klaus Stern* zwischen dem „Randbereich" und dem „Zentralbereich". *Stern* führt hierzu erläuternd aus: „*Marginale Normberührung* kann nicht gleichermaßen den grundrechtlichen Schutzmechanismus auslösen wie jene Verhaltensweise, die dem Tatbestandsbereich einer Grundrechtsnorm *zentral zurechenbar* ist."[73] Das den Zentralbereich ab-

---

[68] BVerfGE 76,1 (71).

[69] Vgl. auch *Erichsen*, HStR VI, § 152 Rn. 27; *Wolfram Höfling*, Vertragsfreiheit, 1991, S. 19; *Schmitt Glaeser*, HStR VI, § 129 Rn. 41; *Starck*, in: v. Mangoldt/Klein/ders., Das Bonner GG, Art. 2 Abs. 1 Rn. 48.

[70] Grundlegend *Scholz*, AöR 100 (1975), S. 80 (120).

[71] *Harald Schneider*, Die Güterabwägung des Bundesverfassungsgerichts bei Grundrechtskonflikten, 1979, S. 111 f. (unter Bezugnahme auf *Bachof*). Zum Schwerpunktkriterium in der Rspr. des BVerfG *Stern*, Staatsrecht III/2, S. 1385 f., 1407.

[72] BVerfGE 84,133 (157); 85,360 (382); in der Sache ebenso, nur mit abw. Terminologie („sachliche Beziehung zu dem zu prüfenden Sachverhalt") BVerfGE 64, 229 (238 f.); 67,186 (195).

[73] *Stern*, Staatsrecht III/2, S. 1407; Hervorhebungen durch den Verf.

deckende Grundrecht soll fortan – bezogen auf die weitere Grundrechtsprüfung – das *führende*, das im Randbereich ergänzend hinzutretende Grundrecht das *geführte* Grundrecht genannt werden.

Das führende Grundrecht ist im Interesse der Rechtsklarheit und Rechtssicherheit als Erstes zu zitieren. Ist das Recht auf freie Entfaltung der Persönlichkeit das dominierende Grundrecht, so kann, allerdings nur *faktisch*[74], von einer *„(Teil-)Spezialität" des Art. 2 Abs. 1 GG* gesprochen werden[75]. Zur Veranschaulichung sei auf den Datenschutz im Bereich von Ehe und Familie (Art. 2 Abs. 1 i.V.m. Art. 1 Abs. 1 und Art. 6 Abs. 1 GG) oder im gewerblichen Bereich (Art. 2 Abs. 1 i.V.m. Art. 1 Abs. 1 und Art. 12 Abs. 1 GG) verwiesen. Hier wird durch die Mittelbarkeit bzw. Zufälligkeit der Kollision mit den additiven Rechtsgütern Ehe/Familie bzw. Beruf die primäre Rechtsposition des Einzelnen aus Art. 2 Abs. 1 i.V.m. Art. 1 Abs. 1 GG gestärkt. Geht es dagegen um staatliches Handeln, das eine unmittelbare und schwerpunktmäßige Regelung der Einrichtungen Ehe und Familie darstellt oder berufsbezogener Natur ist, treten die Art. 6 bzw. Art. 12 Abs. 1 GG als leges speciales vor Art. 2 Abs. 1 i.V.m. Art. 1 GG, der ggf. supplementierend hinzuzuziehen ist[76]. In diesem Fall gebietet der Grundsatz der Spezialität ein alleiniges Abstellen auf die Rechtsfolgen des besonderen Freiheitsrechts, welche ansonsten Gefahr liefen, entwertet zu werden.

c) Reichweite

Die Schutzergänzungsfunktion bezieht sich primär auf die Abwehrfunktion der Grundrechte, sie kann darüber hinaus im Einzelfall aber auch die anderen Grundrechtsfunktionen betreffen und sogar in den Bereich der Gleichheitsrechte hinüberwirken. Exemplarisch ist die Entscheidung des BVerfG über die Pflicht des Staates zur Zur-Verfügung-Stellung bestimmter schulischer Einrichtungen für behinderte Schüler zu erwähnen. Hier begründeten die Richter den seltenen Fall eines originären Leistungsanspruchs behinderter Kinder bzw. Jugendlicher auf die „Bereithaltung" schulischer Einrichtungen, „die auch ihnen eine sachgerechte schulische Erziehung, Bildung und Ausbildung ermöglichen", mit Art. 3 Abs. 3 S. 2 GG „im Zusammenwirken mit" Art. 2 Abs. 1 und Art. 6 Abs. 2 S. 1 GG[77].

---

[74] Ähnlich *Erichsen*, HStR VI, § 152 Rn. 29 („zumindest im Ergebnis").

[75] So *Scholz*, AöR 100 (1975), S. 80 (115). Als *rechtliche* Kategorie sollte der Begriff der Spezialität für die Fälle dominanter Schutzergänzung durch Art. 2 Abs. 1 GG jedoch nicht verwendet werden, um die Konkurrenzfrage nicht übermäßig zu komplizieren und um nicht unnötige Konfusion zu stiften. Hier erscheint eine Einordnung unter die Kategorie der Subsidiarität vorzugswürdig (siehe dazu unten Fn. 274).

[76] Am Beispiel des Familienschutzes näher entwickelt bei *Viola Schmid*, Die Familie in Artikel 6 des Grundgesetzes, 1989, S. 411 ff.

[77] BVerfGE 96, 288 (304). Dort heißt es weiter: „Art und Intensität der Behinderung sowie den Anforderungen der Schulart und Unterrichtsstufe ist dabei unter Berücksichtigung des jeweiligen Standes der pädagogisch-wissenschaftlichen Erkenntnis Rechnung

In einer anderen Entscheidung ließ das Gericht offen, ob aus Art. 2 Abs. 1 und Art. 12 Abs. 1 GG i.V.m. dem Sozialstaatsprinzip (Art. 20 Abs. 1, Art. 28 Abs. 1 S. 1 GG) eine Pflicht des Gesetzgebers folgt, finanzielle staatliche Leistungen zur individuellen Ausbildungsförderung für Studierende vorzusehen[78].

d) Einwirkungsort

Die Schutzergänzungsfunktion kommt in der Regel auf der Schutzbereichsebene zum Tragen. Ausnahmsweise kann sie aber auch auf der Ebene der verfassungsrechtlichen Rechtfertigung eines Eingriffs Wirkungen zeitigen. Insbesondere die dem Schutz der Ehre und der Jugend dienenden allgemeinen Gesetze im Sinne des Art. 5 Abs. 2 GG sowie die objektiven Verfassungsgüter der Ehre, des Kinder- und Jugendschutzes erfahren dadurch eine zusätzliche Aufwertung und Verstärkung im Rahmen der auf die Herstellung praktischer Konkordanz zielenden Güterabwägung mit den Kommunikationsfreiheiten des Art. 5 Abs. 1 GG, dass den Staat aus Art. 2 Abs. 1 (i.V.m. Art. 1 Abs. 1) GG ein Schutzauftrag hinsichtlich des allgemeinen Persönlichkeitsrechts trifft[79]. In einer die Indizierung jugendgefährdender Schriften betreffenden Entscheidung wog das BVerfG die Kunstfreiheit einerseits mit der von dem Buch ausgehenden Gefahr für den Jugendschutz ab. Als mit Art. 5 Abs. 3 S. 1 GG kollidierende Rechtsgüter führte das Gericht „hauptsächlich (...) Art. 6 Abs. 2 S. 1, aber auch (...) Art. 2 Abs. 1 in Verbindung mit Art. 1 Abs. 1 GG"[80] ins Feld.

e) Subjektive und objektive Schutzergänzung

Wenn die subjektiv-rechtliche Funktion von Art. 2 Abs. 1 GG inmitten steht, kann von einer subjektiven bzw. echten Schutzergänzung gesprochen werden. Häufig wird Art. 2 Abs. 1 GG aber auch nur in seiner objektiven Komponente als Wertentscheidung der Verfassung mit Ausstrahlungswirkung für die gesamte Rechtsordnung[81] zum Tragen kommen. In diesem

---

zu tragen" (aaO., S. 304). Hieraus folge nach dem gegenwärtigen pädagogischen Erkenntnisstand ein Anspruch behinderter Kinder auf integrative Beschulung, auch wenn dieser von vornherein unter dem Vorbehalt des finanziell und organisatorisch Möglichen stehe und dem Gesetzgeber bei der näheren Ausgestaltung ein Einschätzungsspielraum zukomme (aaO., S. 304 ff.). Die Vorstellungen der Eltern, Kinder und Jugendlichen hätten jedoch bei der Entscheidung für oder gegen eine integrative oder separierte Ausbildung „im Hinblick auf die grundrechtlichen Gewährleistungen des Art. 6 Abs. 2 S. 1 und des Art. 2 Abs. 1 GG verfassungsrechtlich großes Gewicht" (aaO., S. 308).

[78] BVerfG, NJW 1998, S. 973 (974).

[79] Vgl. BVerfGE 34, 269 (282); 93, 266 (299 ff.).

[80] BVerfGE 83, 130 (142).

[81] Allgemein BVerfGE 7, 198 (205); *Peter Badura*, in: Josef Isensee/Paul Kirchhof (Hrsg.), Handbuch des Staatsrechts der Bundesrepublik Deutschland, Bd. VII, 1992, § 159

Fall spielt Art. 2 Abs. 1 GG eine immanente „auslegungsbeeinflussende Rolle“[82] und verleiht im Rahmen der Güterabwägung mit kollidierenden Belangen als objektive Direktive einem anderen Grundrecht besonderes Gewicht (objektive bzw. unechte Schutzergänzung)[83].

2. *Abgrenzung zu benachbarten Konkurrenzformen und Funktionen*

a) Auffangfunktion

Die Auffangfunktion des Art. 2 Abs. 1 GG greift ein, wenn ein Verhalten tatbestandlich von *keinem* Spezialgrundrecht erfasst wird. In diesem Fall kommt Art. 2 Abs. 1 GG *allein* zur Anwendung und springt, bildlich gesprochen, in die Bresche[84].

Die *sachliche* Auffangfunktion betrifft insbesondere die durch Art. 2 Abs. 1 GG geschützte Freiheit im wirtschaftlichen Verkehr, wonach dem Einzelnen generell ein angemessener Spielraum verbleiben muss, sich wirtschaftlich frei zu entfalten[85]. Zur wirtschaftlichen Betätigungsfreiheit[86] rechnen die Privatautonomie[87] mit ihrem wichtigsten Unterfall der Ver-

---

Rn. 6, 25, 29 ff. (29); *H. Dreier*, in: ders., Grundgesetz, Vorb. Rn. 55 ff.; *Klaus Stern*, in: Josef Isensee/Paul Kirchhof (Hrsg.), Handbuch des Staatsrechts der Bundesrepublik Deutschland, Bd. V, 1992, § 109 Rn. 38 ff., 50 ff.; berichtend *Ernst-Wolfgang Böckenförde*, Grundrechtstheorie und Grundrechtsinterpretation, in: ders., Staat, Verfassung, Demokratie, 1991, S. 115 (129 ff.); speziell zu Art. 2 Abs. 1 *Dürig*, in: Maunz/ders., Grundgesetz, Art. 2 Abs. 1 Rn. 71 f.; *Nipperdey/Wiese*, GrR IV/2, S. 741 (746, 764).

[82] *Peter Lerche*, in: Josef Isensee/Paul Kirchhof (Hrsg.), Handbuch des Staatsrechts der Bundesrepublik Deutschland, Bd. V, 1992, § 121 Rn. 14.

[83] In diesem Sinne etwa BVerfG, NJW 1995, S. 1477 (1477).

[84] Grundlegend zur Auffangfunktion am Beispiel des Schutzes der Privatsphäre *Dürig*, in: Maunz/ders., Grundgesetz, Art. 1 Abs. 1 Rn. 37.

[85] BVerfGE 10, 89 (99), st. Rspr.; vgl. noch BVerfGE 42, 374 (385); 50, 290 (366); 65, 196 (210); 75, 108 (154 f.); 77, 232 (244); 78, 232 (244 f.); 91, 207 (221); 97, 169 (176); 98, 218 (259); *Reiner Schmidt*, in: ders., Kompendium Öffentliches Wirtschaftsrecht, 1998, § 2 Rn. 35, 38.

[86] *Peter Badura*, Staatsrecht, 2. Aufl. (1994), C Rn. 83, spricht von der „allgemeinen Wirtschaftsfreiheit“; krit. *Manssen*, Privatrechtsgestaltung, S. 130 f. („keinen fest umrissenen Bedeutungsgehalt“; „eher ... deskriptive Umschreibung“). Zur heute nur noch rechtshistorisch relevanten Streitfrage, ob Art. 2 Abs. 1 GG überhaupt den wirtschaftlichen Bereich abdeckt, vgl. den Überblick bei *Dürig*, in: Maunz/ders., Grundgesetz, Art. 2 Abs. 1 Rn. 11 m.z.w.Nachw.

[87] Definiert als das „Prinzip der eigenen Gestaltung der Rechtsverhältnisse durch den Einzelnen nach seinem Willen“ (so BVerfGE 72, 155 [170]) oder als „Selbstbestimmung des Einzelnen im Rechtsleben“ (so BVerfGE 89, 214 [231]; *Werner Flume*, Allgemeiner Teil des Bürgerlichen Rechts, Bd. 2, 3. Aufl. [1979], S. 19; *Erichsen*, HStR VI, § 152 Rn. 58); vgl. auch BVerfGE 73, 261 (270, 272); 86, 122 (130). Die Privatautonomie ist von den Zivilgerichten insbesondere bei der Konkretisierung und Anwendung von Generalklauseln wie §§ 138, 242 BGB zu beachten. Zu den sich daraus ergebenden (strengen)

tragsfreiheit[88], die Konsumfreiheit und – nach dem BVerwG – die Wettbewerbsfreiheit[89]. Das Recht eines nicht-berufsmäßigen Veranstalters zur wirtschaftlichen Verwertung seiner Veranstaltung[90] wird gleichfalls durch Art. 2 Abs. 1 GG abgedeckt. Die zweitwichtigste Konsequenz der sachlichen Auffangfunktion des Art. 2 Abs. 1 GG ist der Schutz vor Geldleistungspflichten, insbesondere vor einer Abgabenbelastung, die sich nicht im Rahmen der verfassungsmäßigen Ordnung hält[91]. Art. 14 Abs. 1 GG ist dafür nicht einschlägig, da er das Vermögen als solches grundsätzlich[92] nicht schützt[93]. Art. 12 Abs. 1 GG ist nur berührt, wenn die Abgabe in einem

---

Anforderungen an die Inhaltskontrolle etwa von Bürgschaftsverträgen siehe BVerfGE 89, 214 (230 ff.).

88 BVerfGE 8, 274 (328), st. Rspr.; vgl. später BVerfGE 60, 329 (339); 65, 196 (210); 70, 1 (25); 70, 115 (123); 73, 261 (270); 77, 370 (378); 86, 122 (130); 95, 267 (303); ausf. *Höfling*, Vertragsfreiheit; *Manssen*, Privatrechtsgestaltung, S. 130 ff., 183 ff., und passim.

89 Vgl. BVerwGE 30, 191 (198 f.); 60, 154 (159); 65, 167 (174); 71, 183 (189 f.); *Dürig*, in: Maunz/ders., Grundgesetz, Art. 2 Abs. 1 Rn. 48; *Ernst Rudolf Huber*, Wirtschaftsverwaltungsrecht, 2. Aufl. (1953), Bd. 1, S. 661; *Nipperdey/Wiese*, GrR IV/2, S. 741 (762). Anders aber das BVerfG, das die Wettbewerbsfreiheit zutreffend dem Art. 12 Abs. 1 GG zuschlägt; vgl. BVerfGE 32, 311 (317 f.); 46, 120 (137); ebenso *Rupert Scholz*, Wirtschaftsaufsicht und subjektiver Konkurrenzschutz, 1971, S. 128 f.; vgl. auch *Görg Haverkate*, in: Reiner Schmidt (Hrsg.), Öffentliches Wirtschaftsrecht, BT, Bd. 2, 1995, § 4 Rn. 79.

90 Siehe oben Fn. 65.

91 Vgl. BVerfGE 19, 206 (215 f.), st. Rspr.; vgl. aus späterer Zeit BVerfGE 44, 59 (68 f.); 48, 102 (115 f.); 71, 364 (389); 78, 249 (284); 96, 375 (397); 97, 332 (340 f.); BVerfG, DVBl. 2000, S. 39. Nach BVerfGE 87, 153 (169), ist die Verfassungsmäßigkeit von Steuergesetzen an Art. 2 Abs. 1 GG zu messen. „Dabei ist indes (scil.: wohl im Rahmen der Verhältnismäßigkeit i.e.S.; der Verf.) zu berücksichtigen, daß Steuergesetze in die allgemeine Handlungsfreiheit gerade in deren Ausprägung als persönliche Entfaltung im vermögensrechtlichen und im beruflichen Bereich (Art. 14 Abs. 1, Art. 12 Abs. 1 GG) eingreifen."

92 Eine (bislang theoretisch gebliebene) Ausnahme gilt für die Fälle, in denen die Geldleistungspflicht den Pflichtigen übermäßig belastet und seine Vermögensverhältnisse grundlegend beeinträchtigt (sog. erdrosselnde oder konfiskatorische Wirkung); vgl. BVerfGE 14, 221 (241); 82, 159 (190), st. Rspr.; *Reiner Schmidt*, Öffentliches Wirtschaftsrecht, AT, S. 133 f.

93 Vgl. BVerfGE 4, 7 (18), st. Rspr.; ferner BVerfGE 45, 272 (296); 65, 196 (209); 74, 129 (148); 75, 108 (154); 77, 308 (339); 89, 48 (61); 91, 207 (220); 95, 267 (300); BVerfG, DVBl. 2000, S. 39. Anders *Paul Kirchhof*, in: Josef Isensee/ders. (Hrsg.), Handbuch des Staatsrechts der Bundesrepublik Deutschland, Bd. IV, 1990, § 88 Rn. 88 ff.; *ders.*, Besteuerung und Eigentum, VVDStRL 39 (1981), S. 213 ff.; *Scholz*, AöR 100 (1975), S. 80 (126); *Starck*, in: v. Mangoldt/Klein/ders., Das Bonner GG, Art. 2 Abs. 1 Rn. 77, 150 und nunmehr auch der 2. Senat des BVerfG; vgl. BVerfGE 93, 121 (137 f.); dagegen *Ernst-Wolfgang Böckenförde*, Sondervotum, BVerfGE 93, 152 (153); abl. auch *Otto Depenheuer*, in: Hermann von Mangoldt/Friedrich Klein/Christian Starck (Hrsg.), Das Bonner Grundgesetz, 4. Aufl., Bd. 1 (1999), Art. 14 Rn. 164 ff.; *Joachim Wieland*, in: Horst Dreier (Hrsg.), Grundgesetz, Bd. I, 1996, Art. 14 Rn. 45 ff. (48). Am überzeugendsten erscheint mir eine differenzierende Betrachtung; in diesem Sinne *Hans-Jürgen Papier*, in: Theodor Maunz/Günter Dürig, Grundgesetz, Art. 14 (Mai 1994) Rn. 165 ff. (169 ff.). Dezidiert gegen eine Verallgemeinerungsfähigkeit des Vermögensteuer-Beschlusses nunmehr BVerfG (3. Kammer des Ersten Senats), NJW 1999, S. 1098 ff. (betreffend die Grund-

engen Zusammenhang mit der Ausübung eines Berufs steht und eine berufsregelnde Tendenz deutlich erkennen lässt[94]. Auch die Auferlegung einer Geldbuße oder eine sonstige Bestrafung, die auf einer verfassungswidrigen Rechtsgrundlage beruht, verletzen den Betroffenen in seinem Grundrecht auf freie Entfaltung der Persönlichkeit[95]. Daneben hat das BVerfG die sachliche Auffangfunktion in einer Vielzahl von weiteren Fällen bemüht. In den meisten Fällen kann dem Gericht dabei gefolgt werden. So, wenn es kommunale Vertretungsverbote[96], die Ausreisefreiheit[97] oder die Freiheit, in eheähnlicher Gemeinschaft zu leben, unter Art. 2 Abs. 1 GG subsumiert[98].

Einige Entscheidungen des BVerfG müssen indes auf Kritik stoßen. So tragen etwa Nebentätigkeiten zumindest auch zur Schaffung und Erhaltung einer Lebensgrundlage bei. Dies genügt, um sie in Art. 12 Abs. 1 GG zu verorten[99]. Art. 2 Abs. 1 GG[100] ist hier fehl am Platze. Den Schutz vor der Zustellung unerwünschter Werbesendungen trotz eines ablehnenden Briefkastenaufklebers begründet das BVerfG – gleichfalls nicht überzeugend – mit Art. 2 Abs. 1 i.V.m. Art. 1 Abs.1 GG[101], anstatt, was näher gelegen hätte, direkt auf Art. 13 Abs. 1 GG zuzusteuern. Endlich begegnet die ständige Rechtsprechung, wonach der grundrechtliche Schutz vor einer Zwangsmitgliedschaft in öffentlich-rechtlichen Verbänden nicht dem Art. 9 Abs. 1 GG, sondern dem Art. 2 Abs. 1 GG zukommt[102], erheblichen Zweifeln[103]. Denn zum einen ist, wie *Hartmut Bauer* bemerkt hat, der Umkehrschluss, wonach Art. 9 Abs. 1 GG, da er die Bildung öffentlich-rechtlicher Zwangszusammenschlüsse nicht schütze, auch als Maßstabsnorm für die Prüfung der Zwangsmitgliedschaft ausscheiden müsse, keineswegs

---

erwerbsteuer), auch mit der Ablehnung eines Prüfungsmaßstabs „Art. 14 Abs. 1 GG i.V.m. Art. 2 Abs. 1 GG" (aaO., S. 1099).

[94] BVerfGE 13, 181 (185 f.); 37, 1 (17 f.); 42, 374 (384).

[95] BVerfGE 85, 69 (71 f.); 85, 191 (206); 92, 191 (196).

[96] BVerfGE 41, 231 (241); 56, 99 (107); 61, 68 (72); zur Kritik vgl. die Nachw. bei *Bodo Pieroth*, Der Wert der Auffangfunktion des Art. 2 Abs. 1 GG, AöR 115 (1990), S. 33 (S. 41 Anm. 60).

[97] BVerfGE 6, 32 (34 ff.), st. Rspr.

[98] BVerfGE 56, 363 (384); 82, 6 (16); 87, 234 (267).

[99] Wie hier *Rüdiger Breuer*, in: Josef Isensee/Paul Kirchhof (Hrsg.), Handbuch des Staatsrechts der Bundesrepublik Deutschland, Bd. VI, 1989, § 147 Rn. 53 ff.; *Jarass*, in: ders./Pieroth, Grundgesetz, Art. 12 Rn. 5; *Rupert Scholz*, in: Theodor Maunz/Günter Dürig, Grundgesetz, Art. 12 (1981) Rn. 203 f.

[100] Hierfür aber BVerfGE 33, 44 (48); BVerwGE 60, 254 (255 f.); 67, 287 (294 f.).

[101] BVerfG, NJW 1991, S. 910 (911).

[102] BVerfGE 10, 89 (102), st. Rspr.; vgl. BVerfGE 38, 281 (297 f.); 70, 191 (213 f.); 78, 320 (329); 89, 365 (376); 92, 53 (69); ebenso BVerwG, NJW 1998, S. 3510; BVerwG, NJW 1999, S. 2292 (2293); *Merten*, HStR VI, § 144 Rn. 58 ff., 63.

[103] Krit. auch *Erichsen*, HStR VI, § 152 Rn. 68 ff.; *Konrad Hesse*, Grundzüge des Verfassungsrechts der Bundesrepublik Deutschland, 20. Aufl. (1995), Rn. 414; *Pieroth/Schlink*, Grundrechte, Rn. 730; *Reiner Schmidt*, Öffentliches Wirtschaftsrecht, AT, S. 149 f.; *Scholz*, AöR 100 (1975), S. 80 (124 f.); *ders.*, in: Maunz/Dürig, Grundgesetz, Art. 9 (Febr. 1999), Rn. 90.

zwingend, „weil das Fernbleiben von einem solchen Verband keine Inanspruchnahme öffentlich-rechtlicher Gestaltungsform ist", sondern es vielmehr auch hier um die Abwehr staatlichen Zwangs geht. „Zum anderen birgt die gegenteilige Meinung die Gefahr, daß der Gesetzgeber durch die Errichtung öffentlich-rechtlicher Zwangskorporationen den ihm durch Art. 9 Abs. 1 GG gezogenen Grenzen ausweicht."[104].

Nach wie vor umstritten sind die *Voraussetzungen* für ein Eingreifen der Auffangfunktion. Nach einer Meinung sind die speziellen Freiheitsgrundrechte nur dann abschließend, wenn sie nicht nur abstrakt-thematisch, sondern auch in persönlicher und sachlicher Hinsicht konkret-tatsächlich einschlägig sind[105], wenn also nicht nur der Regelungsbereich, sondern überdies auch der *Schutzbereich* eröffnet ist. Demgegenüber geht ein Teil der Literatur davon aus, der Rekurs auf Art. 2 Abs. 1 GG sei schon dann versperrt, wenn ein Verhalten lediglich in den *Regelungsbereich* eines Grundrechts fällt. Für eine unfriedliche Versammlung etwa, die zwar vom Regelungs-, aber nicht vom Schutzbereich des Art. 8 Abs. 1 GG erfasst wird, hätte die zuletzt genannte Ansicht zur Folge, dass auch Art. 2 Abs. 1 GG nicht zur Verfügung stünde[106]. Die restriktivere Position hat die besseren Argumente auf ihrer Seite. Art. 2 Abs. 1 GG kommt keine *totale* Auffangfunktion[107] zu. Die Auffangfunktion kann vielmehr immer nur dort eintreten, wo der anhand von Wortlaut, Entstehungsgeschichte und Systematik zu ermittelnde Wille des Verfassunggebers nicht erkennbar entgegensteht. Mit Recht stellt *Lipphardt* klar: „ ... auch vom Standpunkt des BVerfG aus läßt sich der Anwendungsbereich des Art. 2 I GG beschränken. Gegenüber den benannten Freiheitsrechten tritt Art. 2 I GG als Gewährleistungsnorm für unbenannte Freiheiten zurück. ... Darüber hinaus sollte Art. 2 I GG in der Deutung des

---

[104] *Hartmut Bauer*, in: Horst Dreier (Hrsg.), Grundgesetz, Bd. I, 1996, Art. 9 Rn. 42 m.z.w.Nachw. zum Meinungsstand in Anm. 207 ff.

[105] So *v. Arnauld*, Freiheitsrechte, S.53 ff.; *Bleckmann*, Staatsrecht II, § 14 Rn. 12; *H. Dreier*, in: ders., Grundgesetz, Art. 2 I Rn. 66 m. Anm. 264; *Jarass*, in: ders./Pieroth, Grundgesetz, Art. 2 Rn. 2; *Kunig*, in: v. Münch/ders., Grundgesetz-Kommentar, Art. 8 Rn. 37; *Pieroth/Schlink*, Grundrechte, Rn. 341.

[106] *Hans-Uwe Erichsen*, Das Grundrecht aus Art. 2 Abs. 1 GG, Jura 1987, S. 367 (369 f.); *ders.*, Staatsrecht und Verfassungsgerichtsbarkeit I, S. 141 f.; *Herzog*, in: Maunz/Dürig, Grundgesetz, Art. 8 (1987) Rn. 77; *Christian Hillgruber*, Grundrechtsschutz des Arztes für die Vornahme von Schwangerschaftsabbrüchen?, MedR 1998, S. 201 (204 f.); *Josef Isensee*, HStR V, § 111 Rn. 178; *Walter Krebs*, Vorbehalt des Gesetzes und Grundrechte, 1975, S. 38; *Lerche*, HStR V, § 121 Rn. 14, § 122 Rn. 46; *Kyrill-A. Schwarz*, Das Postulat lückenlosen Grundrechtsschutzes und das System grundgesetzlicher Freiheitsgewährleistung, JZ 2000, S. 126 (130); *Sokolish*, JuS 1976, S. 776 (778); wohl auch *Nipperdey/Wiese*, GrR IV/2, S. 741 (762).

[107] Siehe *Erichsen*, HStR VI, § 152 Rn. 26. Gegen die „formale Statik einer äußerlich ‚allergänzenden' Wirkung des Art. 2 Abs. 1 GG" auch *Scholz*, AöR 100 (1975), S. 80 (122 f.). Über das Ziel hinausschießend *Krebs*, Vorbehalt des Gesetzes und Grundrechte, S. 38 f., und *Sokolish*, JuS 1976, S. 776 (778), die jede Auffangfunktion von Art. 2 Abs. 1 GG leugnen und diesen als „Innominatfreiheitsrecht" einstufen.

BVerfG stets dann zurücktreten, wenn ein spezieller Verfassungssatz – auch des objektiven Verfassungsrechts – für den zu beurteilenden Sachverhalt einschlägig ist."[108]. Eine Auffangfunktion contra constitutionem, das heißt gegen ein bewusstes und gezieltes Werturteil des Verfassunggebers, wie etwa im Falle der unfriedlichen Versammlungen (Art. 8 Abs. 1 GG), der nach Maßgabe des Art. 9 Abs. 2 GG verbotenen Vereinigungen, der nicht politischen Verfolgung (Art. 16a GG) oder der nicht allgemein zugänglichen Informationen (Art. 5 Abs. 1 S. 1 2. Hs. GG), ist abzulehnen. Auch unter Berufung auf den Topos des Verfassungswandels können die im Grundgesetz selbst vorgenommenen Ausgrenzungen aus dem Schutzbereich, und um solche, nicht um verfassungsimmanente Schranken handelt es sich hier[109], nicht aus den Angeln gehoben werden[110]. Andernfalls kommt es zu einer Nivellierung der abgestuften und unterschiedlich qualifizierten Schutzbereichsformulierungen, der im Einzelfall „präformierten" grundrechtlichen Bedeutungsgehalte[111] über die Hintertür der richterrechtlichen Korrektur des Verfassungstextes und damit zugleich zu einer weiteren[112] tendenziellen Entwertung der je nach historischer Erfahrung und sozialer Gefährdung spezifisch und einzelfallgerecht ausgestalteten[113] besonderen Freiheitsrechte[114], welche aus Gründen der Einheit der Verfassung[115] und des negativen Spezialitätsgrundsatzes[116], mithin als Folge der systematischen Verfassungsauslegung abzulehnen ist[117].

---

108 *Lipphardt*, EuGRZ 1986, S. 149 (161).

109 Vgl. *Friedrich E. Schnapp*, Grenzen der Grundrechte, JuS 1978, S. 729 (730; „verfassungsunmittelbare Beschreibungen der sachlichen Gewährleistungsreichweite einer Grundrechtsbestimmung"); *Edzard Schmidt-Jortzig*, in: Josef Isensee/Paul Kirchhof (Hrsg.), Handbuch des Staatsrechts der Bundesrepublik Deutschland, Bd. VI, 1989, § 141 Rn. 12, 37; *Schwarz*, JZ 2000, S. 126 (129); *Joachim Suerbaum*, Berufsfreiheit und Erlaubtheit, DVBl. 1999, S. 1690 (1695).

110 *Kay Hailbronner*, Ausländerrecht und Verfassung, NJW 1983, S. 2105 (2110). Grundlegend *K. Hesse*, Grundzüge, Rn. 45 ff. (47, „es gibt keine Verfassungswirklichkeit contra constitutionem").

111 Hierzu generell *Peter-Michael Huber*, Konkurrenzschutz im Verwaltungsrecht, 1991, S. 176.

112 Als zentraler „Gleichmacher" wirkt bereits jetzt der Grundsatz der Verhältnismäßigkeit i.w.S. Vor diesem Hintergrund zu Recht vor einer Einebnung der Vielfalt der Grundrechte warnend *Badura*, Staatsrecht, C Rn. 110.

113 Vgl. *Lerche*, HStR V, § 121 Rn. 17; eingehend *Podlech*, in: AK-GG, Art. 2 Abs. 1 Rn. 26 ff.

114 Die speziellen Freiheitsrechte bringen das Prinzip der Freiheit „in bestimmten Akzentuierungen zum Ausdruck"; so *Alexy*, Theorie der Grundrechte, S. 352.

115 BVerfGE 1, 14 (32); 19, 206 (220), st. Rspr.; *Stern*, Staatsrecht III/2, S. 1742 ff.; zur Kritik vgl. nur *F. Müller*, Juristische Methodik, Rn. 383 ff.

116 *Hillgruber*, MedR 1998, S. 201 (204).

117 Vgl. *Wolfgang Rüfner*, Grundrechtskonflikte, in: Christian Starck (Hrsg.), FG BVerfG, Bd. 2, 1976, S. 453 (462, 466, 479); *Christian Starck*, in: Josef Isensee/Paul Kirchhof (Hrsg.), Handbuch des Staatsrechts der Bundesrepublik Deutschland, Bd. VII, 1992, § 164 Rn. 19; vgl. auch, ohne den Grundsatz der Einheit der Verfassung zu bemühen, *Christian Pestalozza*, Der Garantiegehalt der Kompetenznorm, Der Staat 11 (1972), S. 161 (180 ff.).

Allerdings muss es sich, damit die Verdrängungswirkung greift, um *geschriebene* Dezisionen des Verfassunggebers selbst handeln, die im Text des Grundgesetzes ihren Niederschlag gefunden haben. *Ungeschriebene* Einschränkungen, die erst nachträglich durch die Rechtsprechung oder durch die Lehre in die Bestimmungen der Verfassung „hineingelesen" werden, z.B. der Ausschluss von erwiesen oder bewusst unwahren Tatsachenbehauptungen (Art. 5 Abs. 1 S. 1 1. Hs. GG)[118], von unrichtigen Informationen (Art. 5 Abs. 1 S. 1 2. Hs. GG)[119], von eigentumsbeeinträchtigender Kunstausübung (Art. 5 Abs. 3 S. 1 GG)[120] oder von nicht erlaubten Tätigkeiten (Art. 12 Abs. 1 GG)[121] bzw. der nicht wohlerworbenen deutschen Staatsangehörigkeit (Art. 16 Abs. 1 S. 1 GG)[122], genügen nicht, um eine derartige Sperrwirkung zu entfalten[123]. Die Einwände hiergegen hat jüngst *Suerbaum* überzeugend zusammengestellt: Die „Einstiftung verfassungsimmanenter Grenzen" schon in Begriffe des Schutzbereichs macht die Reichweite des Grundrechtstatbestands von dem Ausgang eines Abwägungsvorgangs abhängig, was zum Verlust an Bestimmtheit grundrechtlicher Gewährleistungen führt. Dem Betroffenen bleiben die grundrechtlichen Sicherungen versagt, die der Grundrechtseingriff sowie die Schranken (-Schranken) auslösen. Und vor allem: Die Entscheidung über die Schutzwürdigkeit bestimmter Verhaltensweisen wird in Umkehrung der Anordnung des Art. 1 Abs. 3 GG dem Gesetzgeber und, noch problematischer, praktisch in nicht seltenen Fällen dem Rechtsanwender überantwortet[124].

---

[118] Diese fällt nach der h.M. nicht unter den Schutzbereich von Art. 5 Abs. 1 S. 1 1. Hs. GG; vgl. BVerfGE 54, 208 (219); 61, 1 (8); 85, 1 (15); 90, 1 (15); 90, 241 (249). Gleichwohl prüft das BVerfG in diesen Fällen, worauf *v. Arnauld*, Freiheitsrechte, S. 54 m. Fn. 36, aufmerksam macht, bemerkenswerterweise nicht den Art. 2 Abs. 1 GG; für einen solchen Rückgriff aber z.B. *Jarass*, in: ders./Pieroth, Grundgesetz, Art. 5 Rn. 5; dagegen *Herbert Bethge*, in: Michael Sachs (Hrsg.), Grundgesetz, Kommentar, 2. Aufl. (1998), Art. 5 Rn. 48a. Dies kann als Beleg dafür gewertet werden, dass auch das BVerfG von keiner totalen Auffangwirkung des Art. 2 Abs. 1 GG ausgeht.

[119] BVerfGE 54, 208 (219).

[120] BVerfG, NJW 1984, S. 1293 ff.

[121] Zum Erlaubtheitskriterium als Bestandteil des Berufsbegriffs vgl. BVerfGE 78, 179 (193); 81, 70 (85).

[122] Statt vieler *Juliane Kokott*, in: Michael Sachs (Hrsg.), Grundgesetz, Kommentar, 2. Aufl. (1998), Art. 16 Rn. 25.

[123] Erhellend *Suerbaum*, DVBl. 1999, S. 1690 (insbes. S. 1694 ff., 1696 f.); a.A. *Hillgruber*, MedR 1998, S. 201 (202 ff., insbes. 204), jedenfalls für Fälle, „in denen sich ausnahmsweise unmittelbar aus der Verfassung ein stringentes und striktes, d.h. abwägungsresistentes Verbot einer bestimmten Handlung oder eine eindeutige Bewertung dieser Handlung oder des Handlungserfolgs als rechtswidrig ergibt" (ebd., S. 202). Diese einschränkenden Kriterien sind in der Tendenz richtig, ebenso die Feststellung *Hillgrubers* (ebd., S. 202), „solche zwingenden verfassungsrechtlichen Handlungsverbote werden nur in äußerst seltenen Fällen bestehen", gleichwohl erscheint mir die *Hillgruber*sche Formel zu unbestimmt und interpretationsoffen, als dass sie einer Missbrauchsgefahr hinreichend vorbeugen könnte; so auch *Suerbaum*, ebd., S. 1696 f.; a.A. *Schwarz*, JZ 2000, S. 126 (130).

[124] *Suerbaum*, DVBl. 1999, S. 1690 (1695 f.). Zu Recht lehnt daher die h.M. auch im

Günter Dürig ist beizupflichten, wenn dieser konstatiert, dass „Art. 2 Abs. 1 keinen logischen Obersatz enthält, der dazu zwingt, die positivrechtlich verdeutlichte Verschiedenwertigkeit und Verschiedenartigkeit der Einzelfreiheitsrechte einzuebnen und mit Art. 2 Abs. 1 zu identifizieren“[125]. Zur Begründung lässt sich auch auf den anerkannten systematischen Auslegungsgrundsatz verweisen, nicht in einem solchen Maße auf eine lex generalis zu rekurrieren, dass die leges speciales daneben praktisch ihre Eigenständigkeit verlieren und leer laufen[126]. Zwischen dem Generalfreiheitsrecht und den Spezialfreiheitsrechten ist damit, nicht nur bei Grundrechtskollisionen, sondern auch bei Grundrechtskonkurrenzen, ein „schonender Ausgleich“[127] bzw. eine „praktische Konkordanz“[128] zu bewirken.

Praktisch relevant wird der vorstehend geschilderte Streit für die Frage der Anwendbarkeit von Art. 2 Abs. 1 GG als *personaler* Auffangtatbestand für den *Grundrechtsschutz von Ausländern* im Bereich von Deutschengrundrechten (Art. 8 Abs. 1, Art. 9 Abs. 1, Art. 11 Abs. 1, Art. 12 Abs. 1 GG)[129]. Bejaht man einen solchen, so führt dies zweifelsohne zu einer Nivellierung der Systematik der Verfasssung und einer Bagatellisierung des historischen Willens des Verfassunggebers. Unterstellt man dem Verfassunggeber kein willkürliches und planloses Handeln, so ist nämlich davon auszugehen, dass es sich insofern um bewusste Lücken handelt. „Aus der Existenz von ‚Jedermann-Grundrechten‘ ist (...) zu schließen, daß im Falle der Bürgerrechte eine negative Regelung zulasten des Grundrechtsschutzes von Ausländern vorliegt, die einen Rückgriff auf Art. 2 Abs. 1 GG ausschließt.“[130] Das BVerfG lässt jedoch in diesem Punkt die hinreichende Konsequenz vermissen, wenn es zum einen – bezogen auf Art. 12 GG – judiziert, dieser könne für Ausländer nicht gelten, „soll die ausdrückliche Entscheidung des Grundgesetzes, die Berufsfreiheit nur deutschen Staatsbürgern zu gewäh-

---

Falle von vorbehaltlos gewährleisteten Grundrechten eine Schutzbereichsbegrenzung kraft kollidierenden Verfassungsrechts ab und greift erst auf der Ebene der Eingriffsrechtfertigung auf kollidierende Verfassungsgüter zurück; vgl. *H. Dreier*, in: ders., Grundgesetz, Vorb. Rn. 88 ff.; *Jarass*, in: ders./Pieroth, Grundgesetz, Vor Art. 1 Rn. 37 ff.; *Pieroth/Schlink*, Grundrechte, Rn. 323 ff.

[125] *Dürig*, in: Maunz/ders., Grundgesetz, Art. 2 Abs. 1 Rn. 8.

[126] *Bethge*, ErgLdR, 5/340, S. 5; *Kramer*, Juristische Methodenlehre, S. 80 f., 83.

[127] *Lerche*, Übermaß und Verfassungsrecht, S. 125 ff., 151 ff.

[128] *K. Hesse*, Grundzüge, Rn. 317 ff.

[129] BVerfGE 35, 382 (399); 49, 168 (180); 78, 179 (196 f.); *Bleckmann*, Staatsrecht II, § 9 Rn. 115; *Christoph Degenhart*, Die allgemeine Handlungsfreiheit, JuS 1990, S. 161 (167 f.); *H. Dreier*, in: ders., Grundgesetz, Art. 2 I Rn. 32; *Werner Frotscher*, in: Reiner Schmidt (Hrsg.), Öffentliches Wirtschaftsrecht, BT, Bd. 2, 1995, § 1 Rn. 8; *Josef Isensee*, Die staatsrechtliche Stellung der Ausländer in der Bundesrepublik Deutschland, VVDStRL 32 (1974), S. 49 (80); *Merten*, HStR VI, § 144 Rn. 24; *Gerhard Robbers*, in: Ernst Benda/Werner Maihofer/Hans-Jochen Vogel (Hrsg.), Handbuch des Verfassungsrechts der Bundesrepublik Deutschland, 2. Aufl. (1994), § 11 Rn. 13, 17 ff.

[130] *Erichsen*, Jura 1987, S. 367 (370). Vgl. auch *ders.*, HStR VI, § 152 Rn. 47 ff.

ren, nicht unterlaufen werden", zum anderen aber ausführt: „Verletzt wird jedoch Art. 2 Abs. 1 GG (...). Die Unanwendbarkeit des Art. 12 Abs. 1 GG auf Ausländer bedeutet nicht, daß die Verfassung sie in diesem Bereich schutzlos läßt."[131] Ein „systemgerechter Ansatz"[132] oder auch nur der Versuch einer stringenten Begründung kann in dieser, sich über den Wortlaut der Verfassung einmal mehr kühn hinwegsetzenden[133], petitio principii nicht gesehen werden[134].

Auch das Bekenntnis des Grundgesetzes zur offenen Staatlichkeit[135] verlangt eine Öffnung der Deutschengrundrechte für Ausländer nicht. Zwar gehört das Diskriminierungsverbot zum Kernbestand aller Menschenrechtserklärungen und internationaler Grundrechtskataloge[136], eine Pflicht zur völkerrechtskonformen Auslegung scheidet jedoch aus, da das Völkerrecht normenhierarchisch die Vorgaben des nationalen Verfassungsrechts nicht zu überspielen vermag (Art. 25 GG)[137]. In Betracht kommt allenfalls eine fakultative „völkerrechtsfreundliche Auslegung"[138]. Selbst wenn man

---

[131] BVerfGE 78, 179 (196).

[132] BVerfGE, 78, 179 (196).

[133] Zur geringen Bedeutung des Wortlautarguments in der Verfassungsauslegung des BVerfG und der hieraus resultierenden ausgeprägten Offenheit der Verfassungsnormen, insbesondere der Grundrechte, für die Annahme eines Verfassungswandels allg. *Ziekow*, Freizügigkeit, S. 431 f. m.w.Nachw. Selbst wenn man den Wortlaut nur als „Argumentationslastregel" (*Ziekow*, aaO.) begreift, so ist das BVerfG dieser Last nicht nachgekommen. Es hätte etwa mit der seit dem Akt der Verfassunggebung soziologisch veränderten Stellung der Ausländer in der deutschen Gesellschaft (vom „Gastarbeiter" zum „Mitbürger") argumentieren können, welche zu einem Verfassungswandel geführt hat. Das Problem der – anders als bei den Europäischen Unionsbürgern (vgl. Art. 23 GG n.F.) – mangelnden Dokumentation des Verfassungswandels in Verfassungsänderungen wäre aber bestehen geblieben.

[134] Vgl. auch *Jürgen Schwabe*, Urteilsanmerkung, NJW 1974, S. 1044 f.

[135] Grundlegend *Klaus Vogel*, Die Verfassungsentscheidung des Grundgesetzes für eine internationale Zusammenarbeit, 1964; aus neuerer Zeit *Reiner Schmidt*, Öffentliches Wirtschaftsrecht in einer offenen Staatlichkeit, in: Festschrift für Klaus Vogel, 2000 (im Erscheinen); *Christian Tomuschat*, in: Josef Isensee/Paul Kirchhof (Hrsg.), Handbuch des Staatsrechts der Bundesrepublik Deutschland, Bd. VII, 1992, § 172. Vgl. auch BVerfGE 6, 309 (362); 92, 26 (48).

[136] Siehe m. w. Nachw. *Werner Heun*, in: Horst Dreier (Hrsg.), Grundgesetz, Bd. I, 1996, Art. 3 Rn. 12; grundsätzlich zum Problem *Horst Dreier*, Kontexte des Grundgesetzes, DVBl. 1999, S. 667 (674 f.); *Klaus-Peter Sommermann*, Völkerrechtlich garantierte Menschenrechte als Maßstab der Verfassungskonkretisierung – Die Menschenrechtsfreundlichkeit des Grundgesetzes, AöR 114 (1989), S. 391 ff.

[137] Siehe *Helmut Steinberger*, Allgemeine Regeln des Völkerrechts, in: Josef Isensee/Paul Kirchhof (Hrsg.), Handbuch des Staatsrechts der Bundesrepublik Deutschland, Bd. VII, 1992, § 173 Rn. 49 ff., 57 ff. m.z.w.Nachw.

[138] *Hailbronner*, NJW 1983, S. 2105 (2110 m.w.Nachw.). Dazu auch *Tomuschat*, HStR VII, § 172 Rn. 28. Zum Parallelproblem der europarechtsorientierten Auslegung *Wolfgang Kahl*, Der europarechtlich determinierte Verfassungswandel im Kommunikations- und Informationsstaat Bundesrepublik Deutschland, in: Andreas Haratsch/Dieter Kugelmann/Ulrich Repkewitz (Hrsg.), Herausforderungen an das Recht der Informationsgesellschaft, 1996, S. 9 (26).

der „Völkerrechtsfreundlichkeit“ infolge einer Zusammenschau von Art. 1 Abs. 2, Art. 25 und 59 GG Rechtsqualität zubilligen wollte, ist sie, ebenso wie die „internationale Offenheit des Grundgesetzes“, zu allgemein und unpräzise, um eine derart weitgehende Verfassungsfortbildung contra legem zu rechtfertigen. Eine Gleichstellung der Ausländer kann damit, abgesehen von dem auch Ausländern über Art. 1 Abs. 1 GG vermittelten Schutz des Menschenwürdegehalts der Deutschengrundrechte[139], nur der verfassungsändernde Gesetzgeber herbeiführen[140].

Anders präsentiert sich die Rechtslage im Fall der *Europäischen Unionsbürger*: Wegen des Staatsziels der europäischen Integration (Art. 23 Abs. 1 S. 1 GG) und des Grundsatzes der europarechtskonformen Auslegung als Ausfluss des Prinzips der Gemeinschaftstreue (Art. 10 EGV) ist eine Respektierung des gemeinschaftsrechtlichen Diskriminierungsverbots (Art. 12 EGV) und der in den Grundfreiheiten angelegten speziellen Diskriminierungsverbote unabdingbar. Der gemeinschaftsrechtliche Gleichheitssatz hat Teil am Anwendungsvorrang des EG-Rechts vor dem gesamten nationalen Recht und verlangt daher im Rahmen des sachlichen und personellen Anwendungsbereichs der Verträge eine grundrechtliche Gleichstellung von Europäischen Unionsbürgern mit Inländern. Da aber der insoweit eindeutige Wortlaut der Deutschengrundrechte eine dezidierte Aussage zugunsten der Nur-Anwendbarkeit der betreffenden Grundrechte auf die eigenen Staatsangehörigen macht und da die Wortlautgrenze zugleich die äußerste Grenze einer europarechtskonformen Auslegung darstellt, bietet sich als methodologisch sauberster Ausweg eine Lösung über Art. 2 Abs. 1 GG an[141].

---

139 Vgl. *Erichsen*, HStR VI, § 152 Rn. 50; für einen Schutz über Art. 2 Abs. 1 GG *Starck*, in: v. Mangoldt/Klein/ders., Das Bonner GG, Art. 2 Abs. 1 Rn. 44.

140 Wie hier *H. Dreier*, DVBl. 1999, S. 667 (674); *Dürig*, in: Maunz/ders., Grundgesetz, Art. 2 Abs. 1 Rn. 66; *Erichsen*, HStR VI, § 152 Rn. 47 ff.; *Fohmann*, EuGRZ 1985, S. 49 (57); *Hailbronner*, NJW 1983, S. 2105 (2110 f.); *Ernst Hesse*, Die Bindung des Gesetzgebers an das Grundrecht des Art. 2 I GG bei der Verwirklichung einer „verfassungsmäßigen Ordnung“, 1968, S. 56 f.; *Krebs*, Vorbehalt des Gesetzes und Grundrechte, S. 39 f.; *Nipperdey/Wiese*, GrR IV/2, S. 741 (S. 762 m. Anm. 83, S. 777); *Helmut Quaritsch*, in: Josef Isensee/Paul Kirchhof (Hrsg.), Handbuch des Staatsrechts der Bundesrepublik Deutschland, Bd. V, 1992, § 120 Rn. 130 ff.; *Scholz*, in: Maunz/Dürig, Grundgesetz, Art. 9 Rn. 47; Art. 12 Rn. 96, 119; *Starck*, in: v. Mangoldt/Klein/ders. Das Bonner GG, Art. 2 Abs. 1 Rn. 42 ff.; *Stern*, Staatsrecht III/2, S. 1401 f.

141 Ausführlich hierzu *Hartmut Bauer/Wolfgang Kahl*, Europäische Unionsbürger als Träger von Deutschen-Grundrechten?, JZ 1995, S. 1077 ff.; ebenso *H. Dreier*, in: ders., Grundgesetz, Vorb. Rn. 74 f.; *Wolfgang Rüfner*, in: Josef Isensee/Paul Kirchof (Hrsg.), Handbuch des Staatsrechts der Bundesrepublik Deutschland, Bd. V, 1992, § 116 Rn. 12; *Wieland*, in: H. Dreier, Grundgesetz, Art. 12 Rn. 66; für eine Lösung über Art. 12 Abs. 1 GG dagegen *Breuer*, HStR VI, § 147 Rn. 21; *Jarass*, in: ders./Pieroth, Grundgesetz, Art. 12 Rn. 10.

b) Idealkonkurrenz

Idealkonkurrenz (echte Grundrechtskonkurrenz) liegt vor, wenn *ein und derselbe* Lebenssachverhalt (Hoheitsakt) von mehreren Vorschriften jeweils *vollständig* erfasst wird. Folge einer solchen kompletten Grundrechtsüberschneidung[142] ist, dass sich der Schutz des Verhaltens nach einem „Wirkungsverbund"[143] aus allen einschlägigen Grundrechten bestimmt[144]. Diese werden nebeneinander („kumulativ") angewandt, ohne dass es zu einer Schutzaddition oder -kumulation nach dem Motto „je mehr Grundrechte desto mehr Grundrechtsschutz" kommt. „Zum einen enthalten die Grundrechte keine mathematisierbaren Werte, die sich in schlichter Addition zusammenfügen lassen, zum anderen wird ein menschliches Verhalten nicht allein deshalb a priori schutzwürdiger, weil es vom Tatbestand mehrerer Grundrechte erfaßt wird."[145] Vielmehr bleibt es im Ergebnis bei dem Schutzniveau, den das Grundrecht mit dem stärksten Schutzgehalt vermittelt[146]. Konkurrenzprobleme zwischen schrankendivergenten Grundrechten sind nämlich nach überwiegender Ansicht primär nach dem Kriterium der Sachnähe, im Übrigen dadurch zu lösen, dass dem unbeschränkteren, „stärkeren" Grundrecht der praktische Vorrang gebührt[147]. Die Bezeichnung „Idealkonkurrenz" verdient daher aus Gründen der Rechtsklarheit den Vorzug[148] gegenüber eher missverständlichen alternativen begriffli-

---

[142] Siehe *Bachof*, GrR III/1, S. 155 (169).

[143] *Jürgen Schwabe*, Grundrechtskonkurrenzen, JA 1979, S. 191 (193).

[144] Vgl. *Pieroth/Schlink*, Grundrechte, Rn. 343; *H. Schneider*, Güterabwägung, S. 108.

[145] *Ziekow*, Freizügigkeit, S. 423.

[146] Vgl. *H. Dreier*, in: ders., Grundgesetz, Vorb. Rn. 99; *Pieroth/Schlink*, Grundrechte, Rn. 343; *Andreas Voßkuhle*, Bauordnungsrechtliches Verunstaltungsverbot und Bau-Kunst, BayVBl. 1995, S. 613 (617); *Wieland*, in: H. Dreier, Grundgesetz, Art. 14 Rn. 153. Plastisch *Schwabe*, JA 1979, S. 191 (193: „Doppelt genäht hält jedoch im Grundrechtsbereich nicht besser."); verfehlt daher *Albert Bleckmann/Claudia Wiethoff*, Zur Grundrechtskonkurrenz, DÖV 1991, S. 722 (729).

[147] Die Einzelheiten sind hier sehr umstritten. Die Theorie vom Schutzmaximum vertreten etwa *Berg*, Konkurrenzen, S. 54 ff. (59 ff.), 82 ff.; *H. Dreier*, in: ders., Grundgesetz, Vorb. Rn. 97; *Lepa*, DVBl. 1972, S. 161 (164 f.); *Lerche*, HStR V, § 122 Rn. 48; *Friedrich Müller*, Die Positivität der Grundrechte, 1969, S. 52; *Rüfner*, FG BVerfG II, S. 453 (477, 479); *Stern*, Staatsrecht III/2, S. 1391 f., 1404 ff. A.A. *Bleckmann/Wiethoff*, DÖV 1991, S. 722 (724); *Fohmann*, EuGRZ 1985, S. 49 (53); *Schwabe*, Probleme der Grundrechtsdogmatik, S. 317 ff.; *Starck*, in: v. Mangoldt/Klein/ders., Das Bonner GG, Art. 1 Abs. 3 Rn. 253; *Ziekow*, Freizügigkeit, S. 424 f.

[148] Wie hier für den Terminus „Idealkonkurrenz" *Rudolf Werner Füßlein*, Vereins- und Versammlungsfreiheit, in: Franz L. Neumann/Hans Carl Nipperdey/Ulrich Scheuner (Hrsg.), Grundrechte, Bd. II, 1954, S. 425 (434, 449, 451); im Anschluss hieran die h.L.; vgl. nur *Berg*, Konkurrenzen, S. 7 f.; *Bethge*, ErgLdR, 5/340, S. 4; *Herzog*, in: Maunz/Dürig, Grundgesetz, Art. 5 I, II Rn. 35; *Schwabe*, Probleme der Grundrechtsdogmatik, S. 332 („zwar nicht unproblematisch, aber unschädlich, solange man sich von strafrechtlichen Bezügen freimacht").

chen Kategorien wie den Wendungen „Schutzkumulation“[149] oder „kumulative Normenkonkurrenz“[150].

Das BVerfG geht offensichtlich, ohne auch dies zu explizieren, von der Möglichkeit der Idealkonkurrenz zwischen Art. 2 Abs. 1 GG und den nachfolgenden Freiheitsrechten aus[151]. Dies belegen nicht nur diverse Judikate, vor allem neueren Datums, zum Schutz des allgemeinen Persönlichkeitsrechts, sondern etwa auch die Behandlung der *Unternehmerfreiheit* im Mitbestimmungsurteil. Die Unternehmerfreiheit, definiert als die „wirtschaftliche Betätigungsfreiheit“ des Unternehmers[152] bzw. die „Dispositionsbefugnis des Unternehmers über die ihm und seinem Unternehmen zugeordneten Güter und Rechtspositionen“[153], folgt nach Ansicht des BVerfG aus „Art. 2 Abs. 1 und Art. 12 Abs. 1 GG“[154]. Wie die beiden zitier-

---

[149] *Stern*, Staatsrecht III/2, S. 1368; vgl. auch aaO., S. 1387.

[150] *Reinhold Zippelius*, Juristische Methodenlehre, 7. Aufl. (1999), S. 37.

[151] Vgl. BVerfGE 21, 73 (86 f.); 25, 230 (234); 35, 382 (399 ff.); 57, 170 (177 f.); *Beat Rohrer*, Beziehungen der Grundrechte untereinander, 1982, S. 74; *Scholz*, AöR 100 (1975), S. 80 (116, 120). Zu Recht krit. *Erichsen*, HStR VI, § 152 Rn. 29.

[152] BVerfGE 50, 290 (361).

[153] BVerfGE 97, 67 (83).

[154] BVerfGE 97, 67 (83); umgekehrte Zitierweise („Art. 12 Abs. 1 und Art. 2 Abs. 1 GG“) in BVerfGE 50, 290 (361), wobei das BVerfG (aaO., S. 363 f.) zwischen der Gründung und Führung von kleinen und mittleren Unternehmen einerseits (stärkerer personaler Bezug zu Art. 12 Abs. 1 GG) und der Tätigkeit von Großunternehmern und Konzernen andererseits (abgeschwächter personaler Bezug zu Art. 12 Abs. 1 GG) differenziert, i.Erg. aber richtigerweise beide unter den Schutz der Unternehmensfreiheit stellt; offen lassend noch BVerfGE 17, 232 (251). Vgl. auch *Dürig*, in: Maunz/ders., Grundgesetz, Art. 2 Abs. 1 Rn. 46. Die Heranziehung des Art. 2 Abs. 1 GG für die Unternehmerfreiheit vermag – ungeachtet der im Text erörterten methodologischen Frage – nicht zu überzeugen. Umfasst die Unternehmerfreiheit ganz allgemein die „freie Gründung und Führung von Unternehmen“ (BVerfGE 50, 290 [363]; ähnlich *Hans-Jürgen Papier*, Unternehmen und Unternehmer in der verfassungsrechtlichen Ordnung der Wirtschaft, VVDStRL 35 [1977], S. 55 [57]; eingehend *Fritz Ossenbühl*, Die Freiheiten des Unternehmers nach dem Grundgesetz, AöR 115 [1990], S. 1 ff.), so schließt dies sachnotwendig einen „angemessenen Spielraum zur Entfaltung der Unternehmerinitiative“, konkret u.a. die Dispositionsfreiheit, die Vertragsfreiheit und die Wettbewerbsfreiheit mit ein. Unternehmerische Führung ohne Entscheidungsspielräume ist begrifflich und tatsächlich nicht vorstellbar. Hierfür bedarf es keiner zusätzlichen Abstützung durch Art. 2 Abs. 1 GG. Gleichsinnig *Breuer*, HStR VI, § 147 Rn. 60 ff., 97; *Degenhart*, JuS 1990, S. 161 (165); *Erichsen*, HStR VI, § 152 Rn. 56 ff., 60 ff.; *Manssen*, Privatrechtsgestaltung, S. 134; *Hans-Jürgen Papier*, in: Ernst Benda/Werner Maihofer/Hans-Jochen Vogel (Hrsg.), Handbuch des Verfassungsrechts der Bundesrepublik Deutschland, 2. Aufl. (1994), § 18 Rn. 75 ff.; *Scholz*, in: Maunz/Dürig, Grundgesetz, Art. 12 Rn. 124, 131 ff.; *Reiner Schmidt*, Öffentliches Wirtschaftsrecht, AT, S. 161 ff.; *Wieland*, in: H. Dreier, Grundgesetz, Art. 12 Rn. 61; *Starck*, in: v. Mangoldt/Klein/ders., Das Bonner GG, Art. 2 Abs. 1 Rn. 72; anders *Hans-Peter Ipsen*, Rechtsfragen der Wirtschaftsplanung, in: Joseph H. Kaiser (Hrsg.), Planung II, 1966, S. 63 (93 ff.); *Nipperdey/Wiese*, GrR IV/2, S. 741 (762, 876 ff.). Auch in der neueren BVerfG-Rspr. besteht zum Teil eine vorsichtige Tendenz zur stärkeren Betonung der Vorrangigkeit von Art. 12 Abs. 1, 14 Abs. 1 GG hinsichtlich des Schutzes der wirtschaftlichen Betätigungsfreiheit; vgl. BVerfGE 70, 1 (32); 74, 129 (152).

ten Grundrechte sich dabei dogmatisch zueinander verhalten, wird vom BVerfG nicht thematisiert. Das Gericht betont im Gegenteil ganz freimütig: „Wie die Schutzbereiche dieser Grundrechte im einzelnen gegeneinander abzugrenzen sind, braucht nicht entschieden zu werden." Auf den ersten Blick scheint für die Annahme der Verschmelzung der Berufs- und der allgemeinen Handlungsfreiheit zu einem einheitlichen Doppelgrundrecht zu sprechen, dass das BVerfG von dem „Grundrecht der wirtschaftlichen Betätigungsfreiheit" im Singular spricht[155]. Auch behandelt das BVerfG – gliederungstechnisch auf einer Ebene – zunächst die Eigentumsfreiheit (Art. 14 Abs. 1 GG), dann die Vereinigungsfreiheit (Art. 9 Abs. 1 GG) und schließlich die Unternehmensfreiheit (Art. 12 Abs. 1 und Art. 2 Abs. 1 GG)[156]. Gleichwohl spricht mehr dafür, das BVerfG habe Idealkonkurrenz angenommen. Denn die Richter prüfen die Berufs- und Handlungsfreiheit auf der Eingriffs- und Rechtfertigungsstufe systematisch getrennt und anhand der jeweiligen verfassungsrechtlichen Vorgaben (Art. 12 Abs. 1 S. 2 bzw. Art. 2 Abs. 1 2. Hs. GG)[157].

Die Bejahung einer Idealkonkurrenz zwischen Art. 2 Abs. 1 GG und den übrigen Freiheitsrechten ist jedoch in hohem Maße zweifelhaft. Sie verkennt, dass die Annahme eines Spezialitätsverhältnisses das gleichzeitige Vorliegen einer Idealkonkurrenz logisch ausschließt. Eine Idealkonkurrenz ist überhaupt nur zwischen Grundrechten möglich, zwischen denen *kein* unechtes Konkurrenzverhältnis besteht[158]. Wenn diese beiden konkurrenzrechtlichen Grundkategorien auch noch durcheinander gewirbelt werden, drohen heillose Verwirrung und der Zusammenbruch eines jeden ordnungsstiftenden Systems. Im Bereich des allgemeinen Persönlichkeitsrechts, wo die These von der Idealkonkurrenz ihr Hauptanwendungsgebiet hat, ist zudem der Einwand irriger grundrechtsdogmatischer Prämissen zu erheben, wovon noch ausführlicher zu handeln sein wird[159].

c) Schutzvermittlung

Art. 2 Abs. 1 GG kommt des Weiteren eine Brücken- oder Mittlerfunktion hinsichtlich der objektiven Verfassungsprinzipien und -regeln zu, indem er diese einer verfassungsprozessualen Überprüfung zugänglich

---

155 BVerfGE 50, 290 (361).

156 Siehe *Reiner Schmidt*, Das Mitbestimmungsgesetz auf dem verfassungsrechtlichen Prüfstand, Der Staat 19 (1980), S. 235 ff.

157 Vgl. BVerfGE 50, 290 (362 ff.).

158 Dies ist im Zivil- und im Strafrecht unstreitig; vgl. nur *Fritjof Haft*, Strafrecht, Allgemeiner Teil, 8. Aufl. (1998), S. 271 unten; *Peter Schwacke*, Grundrechtliche Spannungslagen, 1975, S. 15 („echte Konkurrenz erst bei Abwesenheit von Gesetzeskonkurrenz"). Auch das Öffentliche Recht sollte von diesem Dualismus und dieser Zweistufenprüfung nicht abweichen; vgl. *Jarass*, in: ders./Pieroth, Grundgesetz, Vorb. vor Art. 1 Rn. 23.

159 Siehe unten VIII. 1.

macht[160]. Betroffen hiervon sind zuvörderst das Rechtsstaatsprinzip und seine Subprinzipien, welche durch das Zusammenspiel mit Art. 2 Abs. 1 GG quasi „versubjektiviert" werden[161]. Hierdurch kann es zur Kreation neuer unbenannter Freiheitsrechte kommen[162].

Den Prototyp der hier erörterten Fallgruppe verkörpert das „Recht auf ein faires, rechtsstaatliches (Straf-)Verfahren"[163], das über die Einzelanforderungen hinausgeht, welche sich aus den Justizgrundrechten, insbesondere aus Art. 103 Abs. 1 GG ergeben[164], und das sowohl im strafprozessualen Hauptverfahren wie im Vollstreckungsverfahren zu beachten ist[165]. Danach darf „der Beschuldigte nicht nur Objekt des Verfahrens sein; ihm muß die Möglichkeit gegeben werden, zur Wahrung seiner Rechte auf den Gang und das Ergebnis des Verfahrens Einfluß zu nehmen"[166]. Das „allgemeine Prozessgrundrecht"[167] auf ein faires Verfahren determiniert auch den Zivilprozess. Es erfüllt dort die Funktion, die Art. 19 Abs. 4 S. 1 GG für den Bereich des öffentlichen Rechts zukommt, nämlich ein „Grundrecht auf Ge-

---

160 BVerfGE 6, 32 (41), st. Rspr.; vgl. aus neuerer Zeit etwa noch BVerfGE 80, 137 (153); 91, 186 (200 f.).

161 Zum Verhältnismäßigkeitsgrundsatz: BVerfGE 35, 5 (10); 55, 159 (159, 165); 73, 339 (374); 80, 109 (120); 92, 277 (317), insbesondere zum Abwägungsgebot: BVerfGE 35, 311 (321); 64, 261 (281); 70, 35 (50); zu den Aspekten Rechtssicherheit, Vertrauensschutz, Rückwirkungsverbot: BVerfGE 63, 215 (223); 63, 343 (353); 72, 175 (196); 73, 339 (374); 74, 129 (155); 87, 48 (62); 88, 384 (403); 97, 271 (285); zum Bestimmtheitsgebot: BVerfGE 80, 103 (107); zum Gewaltenteilungsgrundsatz und den Grenzen richterlicher Rechtsfortbildung: BVerfGE 38, 386 (396); 65, 182 (190, 194); 69, 188 (202).

162 Grundsätzlich kritisch hierzu *Peter Tettinger*, Diskussionsbeitrag, VVDStRL 57 (1998), S. 104 (106 f.).

163 BVerfGE 38, 105 (111); 39, 156 (163); 39, 238 (242 f.); 40, 95 (99); 41, 246 (249); 46, 202 (209); 57, 250 (274); 63, 45 (60); 63, 380 (390); 64, 135 (145); 65, 171 (174); 66, 313 (318); 68, 237 (255); 69, 381 (385); 70, 297 (322 f.); 83, 182 (194); 86, 288 (317). Sofern eine Freiheitsstrafe inmitten steht, beruft sich das BVerfG zusätzlich noch auf das Recht auf Freiheit der Person (Art. 2 Abs. 2 S. 2 GG); vgl. BVerfGE 57, 250 (275). Nach BVerfGE 86, 288 (317 f.), bedarf das Recht auf ein rechtsstaatliches faires Verfahren grundsätzlich der Konkretisierung je nach den sachlichen Gegebenheiten. „Erst wenn sich unzweideutig ergibt, daß rechtsstaatlich unverzichtbare Erfordernisse nicht mehr gewahrt sind, können aus dem Prinzip selbst konkrete Folgerungen für die Verfahrensgestaltung gezogen werden; diese haben sich tunlichst im Rahmen der vom Gesetzgeber gewählten Grundstruktur des Verfahrens zu halten."

164 BVerfGE 57, 250 (274 f.); *Pieroth*, AöR 115 (1990), S. 33 (38).

165 BVerfGE 86, 288 (326).

166 BVerfGE 63, 380 (390); ganz ähnlich BVerfGE 9, 89 (95); 38, 105 (114 f.); 46, 202 (210); 63, 45 (61); 65, 171 (174 f.); 66, 313 (318). Hieraus kann insbesondere die Notwendigkeit zur Bestellung eines Verteidigers resultieren; vgl. BVerfGE 63, 380 (391); 64, 135 (145); 65, 171 (175); 66, 313 (318 f.); 70, 297 (323). Zu den Einzelheiten vgl. *Christoph Degenhart*, in: Josef Isensee/Paul Kirchhof (Hrsg.), Handbuch des Staatsrechts der Bundesrepublik Deutschland, Bd. III, 1988, § 75 Rn. 30 ff., 36 ff.; *Hermann Hill*, in: Josef Isensee/Paul Kirchhof (Hrsg.), Handbuch des Staatsrechts der Bundesrepublik Deutschland, Bd. VI, 1989, § 156 Rn. 35 ff.

167 BVerfGE 57, 250 (275); 78, 123 (126); BVerfG, NJW 1998, S. 2044 (2044).

währung wirkungsvollen Rechtsschutzes"[168] bereitzuhalten. „Der Richter muß das Verfahren so gestalten, wie die Parteien des Zivilprozesses es von ihm erwarten dürfen: Er darf sich nicht widersprüchlich verhalten (...), darf aus eigenen oder ihm zuzurechnenden Fehlern oder Versäumnissen keine Verfahrensnachteile ableiten (...) und ist allgemein zur Rücksichtnahme gegenüber den Verfahrensbeteiligten in ihrer konkreten Situation verpflichtet (...)."[169] Dahinter steht die Annahme eines „allgemeinen Justizgewährungsanspruchs" aus Art. 2 Abs. 1 GG i.V.m. dem Rechtsstaatsprinzip und Art. 92 GG, welcher „eine grundsätzlich umfassende tatsächliche und rechtliche Prüfung des Streitgegenstands sowie eine verbindliche Entscheidung durch ein staatliches Gericht" fordert[170].

Im Wege der Verfassungsbeschwerde rügbar ist ferner eine Verletzung von Art. 2 Abs. 1 GG i.V.m. dem Demokratieprinzip[171] oder dem Sozialstaatsprinzip[172]. Über das Recht auf freie Persönlichkeitsentfaltung kommt es aber auch zu einer Inbezugnahme etwa der Vorschriften über die Gesetzgebungskompetenzen (Art. 70 ff. GG)[173], das Gesetzgebungsverfahren (Art. 76 ff. GG), die Finanzverfassung (Art. 104a ff. GG)[174] sowie der allgemeinen Regeln des Völkerrechts (Art. 25 GG)[175]. Grundsätze wie die Unschuldsvermutung des Art. 6 Abs. 2 EMRK[176], die an sich nur im Range eines Bundesgesetzes stehen, können über Art. 2 Abs. 1 GG i.V.m. dem Rechtsstaatsprinzip eine Beförderung in den Verfassungsrang erfahren (Konstitutionalisierungswirkung).

Dagegen erklärte sich das BVerfG im Rahmen einer unter Berufung auf Art. 2 Abs. 1 GG eingelegten Verfassungsbeschwerde für nicht zuständig, darüber zu befinden, ob eine nationale Norm mit einer vorrangigen Bestimmung des europäischen Gemeinschaftsrechts unvereinbar ist[177]. Unzulässig ist auch die Verfassungsbeschwerde, die unter Berufung auf Art. 2

---

168 BVerfGE 88, 118 (123); 93, 99 (107).

169 BVerfGE 78, 123 (126); BVerfG, NJW 1998, S. 2044 (2044).

170 Aus neuerer Zeit BVerfG, NJW 1999, S. 349.

171 Vgl. BVerfGE 64, 208 (214), betreffend die Zulässigkeit dynamischer Verweisungen.

172 Vgl. BVerfGE 50, 57 (107); 74, 129 (154). Zum hieraus folgenden Recht auf Resozialisierung BVerfGE 35, 202 (235 f.); 36, 174 (188); 45, 187 (238 f.); 96, 100 (115); 98, 169 (195, 199 f.); BVerfG, NJW 1998, S. 1133; NJW 1998, S. 2202.

173 BVerfGE 11, 105 (110), st. Rspr.; vgl. BVerfGE 67, 256 (274); 75, 108 (146); 78, 205 (209); 80, 137 (153); 93, 319 (338).

174 BVerfGE 67, 256 (274 ff.); 92, 91 (113).

175 BVerfGE 95, 96 (129); 96, 68 (96).

176 Zur Unschuldsvermutung und zum Grundsatz der Schuldangemessenheit des Strafens (nulla poena sine culpa): BVerfGE 45, 187 (259 f.); 50, 1 (12); 54, 100 (108); 58, 159 (163); 74, 358 (369); 80, 109 (120); 82, 106 (114); 84, 82 (87); 86, 288 (313); 91, 1 (27); 95, 96 (140); *Jochen Abr. Frowein*, in: Josef Isensee/Paul Kirchhof (Hrsg.), Handbuch des Staatsrechts der Bundesrepublik Deutschland, Bd. VII, 1992, § 180 Rn. 28; a.A. etwa *H. Dreier*, in: ders., Grundgesetz, Art. 2 I Rn. 41 m.w.Nachw. zum Problem.

177 BVerfGE 82, 159 (191).

Abs. 1 GG eine Grundrechtsverletzung geltend macht, welche aus der Ersetzung der Deutschen Mark durch den Euro resultieren soll[178]. Zu guter Letzt ist das BVerfG nicht befugt, im Zusammenhang mit einer gerügten Verletzung von Art. 2 Abs. 1 GG die Vereinbarkeit von Landesrecht mit der Landesverfassung zu überwachen[179].

---

[178] BVerfGE 89, 155 (174); vgl. auch BVerfGE 97, 350 (377): Gründung einer Europäischen Währungsunion mit bestimmten Mitgliedstaaten stellt keinen Eingriff in Art. 2 Abs. 1 GG dar.

[179] BVerfGE 6, 376 (382); 41, 88 (118 ff.); 60, 175 (176 – Ls. 4, 209).

IV. Die kategoriale Existenzberechtigung der Schutzergänzungsfunktion

1. *Grundrechtsdogmatische Begründbarkeit: Die Prämisse von der allgemeinen Handlungsfreiheit*

Die Vertreter der verschiedenen *Persönlichkeitskerntheorien* betrachten Art. 2 Abs. 1 GG als Freiheitsrecht, das nur punktuell die „engere persönliche, freilich nicht auf rein geistige und sittliche Entfaltung beschränkte, Lebenssphäre“[180] schützt und daher mit den Art. 2 Abs. 2 und Art. 4 ff. GG gleichberechtigt, das heißt idealkonkurrierend auf einer Stufe steht. Folgte man dieser Auffassung, so wäre der Annahme einer Schutzergänzungsfunktion schon vom dogmatischen Grundverständnis her entweder zur Gänze der Boden entzogen oder diese wäre jedenfalls auf die wenigen Fälle der Notwendigkeit für „konstituierende Elemente der Persönlichkeit“[181], respektive den „Kernbereich der Persönlichkeitsentfaltung“[182] limitiert[183]. Dies gilt erst recht nach den älteren, noch restriktiveren Varianten der Persönlichkeitskerntheorie, welche Art. 2 Abs. 1 GG auf den Schutz des Kern-

---

180 So im Anschluss an *Luhmann*, Grundrechte als Institution, S. 78, *K. Hesse*, Grundzüge, Rn. 428; ähnlich *Grimm*, Sondervotum, BVerfGE 80, 164 (165; nur solches Verhalten ist geschützt, das „eine gesteigerte, dem Schutzgut der übrigen Grundrechte vergleichbare Relevanz für die Persönlichkeitsentfaltung besitzt“); *Helmut Schulz-Schaeffer*, Der Freiheitssatz des Art. 2 Abs. 1 Grundgesetz, 1971, S. 31 ff.; zuletzt wieder *Gunnar Duttge*, Freiheit für alle oder allgemeine Handlungsfreiheit?, NJW 1997, S. 3353 ff.; *Hans-Peter Schneider*, 50 Jahre Grundgesetz, NJW 1999, S. 1497 (1500). Vgl. auch bereits *Berg*, Konkurrenzen, S. 113 ff. (118, 121 f.), 126; *Horst Ehmke*, Prinzipien der Verfassungsinterpretation, VVDStRL 20 (1963), S. 53 (82 ff.); *Ulrich Scheuner*, Die staatliche Intervention im Bereich der Wirtschaft, VVDStRL 11 (1954), S. 1 (61); *ders.*, Pressefreiheit, VVDStRL 22 (1965), S. 1 (40 ff.), sowie die Nachw. auf das ältere Schrifttum bei *Friedrich Klein*, in: Hermann von Mangoldt/ders., Das Bonner Grundgesetz, Bd. I, 2. Aufl. (1966), Art. 2 Anm. III 6 c.

181 In diesem Sinne *Grimm*, Sondervotum, BVerfGE 80, 164 (167). Erfasst wären danach wohl etwa das Recht, auch weiterhin nach den alten Rechtschreibregeln schreiben zu dürfen (offen gelassen von BVerfGE 98, 218 [261]; dazu statt vieler *Hartmut Bauer/Christoph Möllers*, Die Rechtschreibreform vor dem Bundesverfassungsgericht, JZ 1999, S. 697 ff.) oder das Recht, den Ort der eigenen Beisetzung zu Lebzeiten frei zu bestimmen (BVerfGE 50, 256 [262]).

182 *Walter Schmidt*, Die Freiheit vor dem Gesetz, AöR 91 (1966), S. 42 (80).

183 A.A. *Wolfgang Knies*, Diskussionsbeitrag, VVDStRL 57 (1998), S. 149 (150).

bereichs einer Persönlichkeitsentfaltung im geistig-sittlichen Sinne[184] oder auf die Entfaltung des Menschentums im Sinne der christlich-abendländischen Kulturauffassung[185] reduzieren wollten, die aber heute als überholt gelten können.

So weit sich die Anhänger der Persönlichkeitskerntheorie darauf berufen, das von der herrschenden Meinung vertretene extensive Verständnis des Art. 2 Abs. 1 GG sei ohne historische Vorläufer und vertrage sich nicht mit der Tradition der Grundrechte als punktuelle Antworten auf konkrete Gefährdungen[186], so vermag dies nicht zu überzeugen. Eine allgemeine Freiheitsvermutung beinhalteten, jedenfalls der Sache nach, bereits Art. 1 der Virginia Bill of Rights von 1776 und Art. 4 der Déclaration des Droits de l'Homme et du Citoyen von 1789[187]. In der deutschen Rechtsgeschichte finden sich erste Ansätze im Sinne eines allgemeinen Freiheitsrechts in §§ 83, 87 der Einleitung zum PrALR von 1794 sowie in einigen Dokumenten der preußischen Reformära[188]. Unmittelbare normtextliche Anknüpfungspunkte lieferten ferner Art. 27 Abs. 1 UNO-Kommissionsentwurf der Menschenrechte[189], Art. 2 und Art. 3 Abs. 2 Verf. Italiens (1947) sowie Art. 2 Abs. 1 Hess. Verf. (1946), Art. 101 Bayer. Verf. (1946) und Art. 1 Abs. 1 Rheinl.-Pfälz. Verf. (1947). Art. 2 Abs. 1 GG steht somit durchaus in einer sowohl in- wie ausländischen Verfassungstradition und betrat kein völliges konstitutionelles Neuland[190].

---

184 In diesem Sinne *Friedrich Klein*, in: v. Mangoldt/ders., Das Bonner GG, Art. 2 Anm. III 6 c.

185 So die personalistische Konzeption von *Hans Peters*, Die freie Entfaltung der Persönlichkeit als Verfassungsziel, in: D.S. Constantopoulos/Hans Wehberg (Hrsg.), FS Laun, 1953, S. 669 (673 f.); *ders.*, Das Recht auf freie Entfaltung der Persönlichkeit in der höchstrichterlichen Rechtsprechung, 1963, S. 15 ff., 47 ff.; dem folgend *Berg*, Konkurrenzen, S. 122; zur Kritik vgl. bereits *Hans-Ulrich Evers*, Zur Auslegung von Art. 2 Abs. 1 des Grundgesetzes, insbesondere zur Persönlichkeitskerntheorie, AöR 90 (1965), S. 88 (94 f.); vermittelnd *Lerche*, Übermaß und Verfassungsrecht, S. 292 ff. (299, „Schutz der Individualität des Grundrechtsträgers"); *Luhmann*, Grundrechte als Institution, S. 78 f.; eingehende Zusammenstellung der verschiedenen Theorien bei *Jürgen Müller*, Auswirkungen der unterschiedlichen Auffassungen zum Rechtscharakter des Art. 2 Abs. 1 GG und zu dessen Schranken, 1972.

186 Stellv. *Knies*, VVDStRL 57 (1998), S. 149 (150).

187 Zit. bei *Starck*, in: v. Mangoldt/Klein/ders., Das Bonner GG, Art. 2 Abs. 1 Rn. 9; vgl. auch die Bezugnahme auf *Kant* bei *Alexy*, Theorie der Grundrechte, S. 337; zu Recht relativierend *H. Dreier*, in: ders., Grundgesetz, Art. 2 I Rn. 2, mit einem instruktiven Überblick über die Bedeutung der älteren und jüngeren deutschen Naturrechtslehre für die geistesgeschichtliche Entwicklung eines umfassenden Freiheitsrechts (aaO., Rn. 2 f.); zum Ganzen auch *Christian Hillgruber*, Der Schutz des Menschen vor sich selbst, 1992, S. 5 ff., 27 ff.

188 Siehe *H. Dreier*, in: ders., Grundgesetz, Art. 2 I Rn. 4 m. Anm. 17 f.; *Jörn Ipsen*, Staatsrecht II (Grundrechte), 2. Aufl. (1998), Rn. 723; *Podlech*, in: AK-GG, Art. 2 Abs. 1 Rn. 23 (mit Hinweis auch auf Tit. 7 § 2 Bayer. Verf. 1818).

189 Siehe JöR 1 (1951), S. 55 (57).

190 *Stern*, HStR V, § 109 Rn. 89 f.

Abgesehen davon wäre die Argumentation mit den mangelnden geschichtlichen Vorläufernormen, selbst wenn sie zuträfe, für die Auslegung von Art. 2 Abs. 1 GG wenig beachtlich, um nicht zu sagen ahistorisch, da sie den auch und gerade bei der Schaffung dieser Norm dominanten Willen des deutschen Verfassunggebers der Jahre 1948/49 zum Neuanfang verkennt. Für die Schöpfer des Grundgesetzes war der Wille leitend, vor dem unmittelbaren Hintergrund der Erfahrungen mit dem totalitären Unrechtsregime des Nationalsozialismus einen bewussten und radikalen Neuanfang einzuleiten[191]. Art. 2 Abs. 1 GG steht somit in besonderer Weise in der engeren landesverfassungsrechtlichen Kontinuität der Jahre 1945 ff., ohne dass er in gemeineuropäischer Perspektive[192] als deux ex machina qualifiziert werden kann.

Die Genese des Art. 2 Abs. 1 GG[193] sowie die Systematik der Norm[194] sprechen ebenso für ein weites Grundrechtsverständnis wie vor allem funktionale Überlegungen. Durch eine Interpretation des Rechts zur Persönlichkeitsentfaltung als umfassende Freiheitsnorm wird ein bedeutendes Plus an Liberalität[195] ermöglicht. Erstreckt man den Schutzbereich des Art. 2 Abs. 1 GG auf das Gesamtverhalten der Gesamtpersönlichkeit, sprich der „menschlichen Vollexistenz auf allen Lebensbereichen“[196], so werden

---

[191] Sog. Tabula-rasa-These von *Dürig*, in: Maunz/ders., Grundgesetz, Art. 3 Abs. 1 (1958) Rn. 251 Anm. 1; vgl. auch *Berg*, Konkurrenzen, S. 117; *Böckenförde*, Staat, Verfassung, Demokratie, S. 115 (143); *H. Dreier*, DVBl. 1999, S. 667 (669).

[192] Zur europarechtlichen Sicht *Thorsten Kingreen*, in: Christian Calliess/Matthias Ruffert (Hrsg.), Kommentar zu EU-Vertrag und EG-Vertrag, 1999, Art. 6 EUV Rn. 164 f. m.w.Nachw.

[193] Vgl. JöR 1 (1951), S. 55 ff.; *Thomas Dehler*, Zur Entstehungsgeschichte des Art. 2 Abs. 1 des Grundgesetzes, JZ 1960, S. 727 ff.; *Suhr*, Entfaltung, S. 51 ff.; geraffter Überblick bei *Podlech*, in: AK-GG, Art. 2 Abs. 1 Rn. 4. Aus der Entstehungsgeschichte ergeben sich mehr Hinweise für die Richtigkeit der These, dass die weiten Fassungen des Herrenchiemsee-Entwurfs (JöR, aaO., S. 54) und des Allgemeinen Redaktionsausschusses des Parlamentarischen Rates (JöR, aaO., S. 59) nur aus sprachästhetischen (wegen ihres zu wenig feierlichen Klangs; vgl. *v. Mangoldt*, JöR, aaO., S. 61) fallengelassen wurden, als für die Gegenansicht, dass mit der veränderten Formulierung (auch) eine inhaltliche Abkehr zum Ausdruck gebracht werden sollte; wie hier BVerfGE 6, 32 (36 f.); 80, 137 (154); *Murswiek*, in: Sachs, Grundgesetz, Art. 2 Rn. 2, 43; *Scholz*, AöR 100 (1975), S. 80 (87); *Starck*, in: v. Mangoldt/Klein/ders., Das Bonner GG, Art. 2 Abs. 1 Rn. 8; *Wernicke*, in: BK-GG, Art. 2 Anm. II 1 a; a.A. *Grimm*, Sondervotum, BVerfGE 80, 164 (165); *Peters*, Recht, S. 19.

[194] Systematisch drängt sich die Frage auf, welchen Sinn die Schranke des Sittengesetzes in Art. 2 Abs. 1 2. Hs. GG haben soll, wenn der Schutzbereich des Art. 2 Abs. 1 1. Hs. GG ohnedies nur die Entfaltung einer engeren geistig-sittlichen Persönlichkeit abdeckt; wie hier BVerfGE 6, 32 (36); *Luhmann*, Grundrechte als Institution, S. 78 f.; *Schenke*, JuS 1987, S. L 66; *Starck*, in: v. Mangoldt/Klein/ders., Das Bonner GG, Art. 2 Abs. 1 Rn. 10.

[195] BVerfGE 80, 137 (154); *Hartmut Maurer*, Staatsrecht, 1999, § 9 Rn. 8; *Friedrich Schoch*, Übungen im Öffentlichen Recht I, 2000, S. 265. Eingehend entfaltet bei *Pieroth*, AöR 115 (1990), S. 33 ff.; relativierend *Murswiek*, in: Sachs, Grundgesetz, Art. 2 Rn. 44: „Damit, daß diese Funktion wertvoll ist, läßt sich aber nicht beweisen, daß Art. 2 I sie normiert.“

[196] *Dürig*, in: Maunz/ders., Grundgesetz, Art. 2 Abs. 1 Rn. 11.

Handlungen, Duldungen und Unterlassungen dem grundrechtlichen Schutz des Grundgesetzes zugeführt, die ansonsten personal oder sachlich durch die Löcher des zu groben Siebes der Persönlichkeitskerntheorie fallen würden. Die Lückenhaftigkeit des durch die Einzelgrundrechte gewährleisteten Freiheitsschutzes[197] offenbart sich auch und gerade sub specie des Privatsphärenschutzes. Die Teilgarantien der Art. 4 Abs. 1 und 2, Art. 5 Abs. 1 S. 1, Art. 5 Abs. 3 S. 1, Art. 6 Abs. 1, Art. 10 Abs. 1 und Art. 13 Abs. 1 GG decken zwar wichtige Bereiche ab, sie lassen aber Ränder offen[198]. *Zaccaria Giacometti* bemerkte hierzu treffend: „Praktisch erscheint ja auch keine andere Art der Gewährleistung der individuellen Freiheit möglich; denn das Leben ist stets im Flusse, und der Verfassungsgesetzgeber vermag infolgedessen nicht alle Einzelfreiheiten, die einmal Aktualität erlangen können, vorauszusehen und daher von vorneherein ausdrücklich zu garantieren. Es wäre aber unvorstellbar, daß der Freiheitsrechtskatalog einzelne bestimmte Freiheiten garantiere, andere ebenso wichtige aber ohne Gewährleistung ließe … ."[199] *Giacometti* hat dies auf die eingängige Formel von der „formalen Lückenhaftigkeit" bei „sachlicher Lückenlosigkeit" gebracht[200].

Ungeachtet der erheblichen Abgrenzungsprobleme, die ein so unbestimmtes Kriterium wie die „engere persönliche Lebenssphäre" mit sich brächte[201], und der Frage, wer über die Bestimmung des Persönlichkeitskerns entscheiden soll[202], würde die Anerkennung einer schutzbereichsimmanenten Begrenzung von Art. 2 Abs. 1 GG in jedem Fall einer Entwicklung in Richtung auf ein staatliches Freiheitsrichtertum Vorschub leisten, die sich in das Koordinatensystem des Grundgesetzes nicht einfügt. Denn das Grundgesetz beruht gerade nicht auf einem selektiven, bildungsbürgerlichen, sondern auf einem wertneutralen, egalitären Freiheitsverständnis[203]. Auch das Reiten im Wald[204], das Taubenfüttern im Park[205], das Schwimmen

---

[197] Dazu *Erichsen*, HStR VI, § 152 Rn. 26; *Schwarz*, JZ 2000, S. 126 (131).

[198] Wie hier *Rohlf*, Privatsphäre, S. 191; *Schmitt Glaeser*, HStR VI, § 129 Rn. 5, die exemplarisch auf die durch die Spezialgarantien nicht erfassten Bereiche des Sexualverhaltens und der Information über den körperlichen bzw. geistigen Gesundheitszustand des Menschen verweisen.

[199] *Zaccaria Giacometti*, Die Freiheitsrechtskataloge als Kodifikation der Freiheit, ZSchwR 74 (1955), S. 149 (164).

[200] *Giacometti*, ZSchwR 74 (1955), S. 149 (171).

[201] BVerfGE 80, 137 (154).

[202] *Burgi*, ZG 9 (1994), S. 341 (355), sieht hierin das „Hauptproblem" der Persönlichkeitskerntheorien; vgl. auch *Hans-Ullrich Gallwas*, Grundrechte, 2. Aufl. (1995), Rn. 281; *Maurer*, Staatsrecht, § 9 Rn. 8; *Merten*, JuS 1976, S. 345 (345); a.A. *Philip Kunig*, Der Reiter im Walde, Jura 1990, S. 523 (526). Zutreffende grundsätzliche Bedenken gegen jede Form schutzbereichsimmanenter Lösungen bei *Starck*, in: v. Mangoldt/Klein/ders., Das Bonner GG, Art. 2 Abs. 1 Rn. 11, und *Voßkuhle*, BayVBl. 1995, S. 613 (618 f.).

[203] Pointiert hierzu *Herbert Bethge*, Der Grundrechtseingriff, VVDStRL 57 (1998), S. 7 (22).

[204] BVerfGE 80, 137 (152 ff.); allg. zu dem von Art. 2 Abs. 1 GG erfassten Recht auf

ohne Badekappe[206], das Motorradfahren ohne Schutzhelm[207], das Autofahren ohne Gurt[208] oder das Tragen von Ohrschmuck durch uniformierte männliche Zollbeamte[209] stellen grundrechtsrelevante Verhaltensweisen, stellen Elemente einer liberté de tous les jours dar. Hierin eine „Banalisierung der Grundrechte“[210] oder ein Grundrecht auf Entfaltung „zum Banausentum“[211] zu sehen, geht an der Erkenntnis vorbei, dass dem Grundgesetz eben kein prästabiliertes, genormtes Menschenbild im Sinne einer bestimmten Anthropologie oder Weltanschauung zugrunde liegt[212]. Zutreffend bemerkt *Zippelius*: „Mit einer auf Wandel und fortwährende Selbstkorrektur angelegten ‚offenen Gesellschaft‘ verträgt es sich nicht, daß die Persönlichkeitsentfaltung in das Schema eines (von wem?) definierten Menschenbildes passen müsse.“[213] Vorzeitige Einengungen des Schutzbereichs würden „bei einem Satz von derartiger Allgemeinheit der Geltung leicht zu einer die menschliche Freiheit bedrohenden Nichtanwendbarkeit auf wichtigen Teilgebieten“[214] führen. „Persönlichkeit“ i.S.d. Art. 2 Abs. 1 GG ist somit gleichzusetzen mit „Person“[215].

Das Freiheitsverständnis des Grundgesetzes nimmt die Vielfalt menschlicher Begabungen, Neigungen und Interessen einschließlich der ganz trivialen und läppischen, als Grundtatsache menschlicher Existenz und sozialer Realität hin und verzichtet auf der Schutzgehaltsebene auf jede Form der Abstufung und Differenzierung. Hierin offenbart sich eine unmittelbare Konsequenz gerade von Art. 1 Abs. 1 i.V.m. Art. 3 Abs. 1 GG, speziell des

---

Aufenthalt und Betätigung in der Natur grundlegend *Martin Burgi*, Erholung in freier Natur, 1993, insbes. S. 232 ff.

205 BVerfGE 54, 143 (146).

206 VGH Bad.-Württ., ESVGH 25 (1976), S. 203.

207 BVerfGE 59, 275 (278).

208 BVerfG, NJW 1987, S. 180.

209 BVerfG, VBlBW 1991, S. 293; vgl. zuletzt auch BVerwG, NJW 1999, S. 1985 (1985).

210 *Peters*, FS Laun, S. 669 (673); *Grimm*, Sondervotum, BVerfGE 80, 164 (168); *Knies*, VVDStRL 57 (1998), S. 149 (150 f.); ähnlich *Friedrich Klein*, in: v. Mangoldt/ders., Das Bonner GG, Art. 2 Anm. II 2 („Verflachung, Aushöhlung und Entwertung“).

211 *Herbert Krüger*, Neues zur Freiheit der Persönlichkeitsentfaltung und deren Schranken, NJW 1955, S. 201 (202).

212 Wie hier für ein offenes und umfassendes Freiheitskonzept *Erichsen*, HStR VI, § 152 Rn. 20 f.; *Luhmann*, Grundrechte als Institution, S. 78; *Murswiek*, in: Sachs, Grundgesetz, Art. 2 Rn. 49; *Schoch*, Übungen I, S. 266 f.; *Scholz*, AöR 100 (1975), S. 80 (92, 94).

213 *Theodor Maunz/Reinhold Zippelius*, Deutsches Staatsrecht, 30. Aufl. (1998), S. 179.

214 *Roemer*, FS DJT, Bd. I, S. 545 (569).

215 Vgl. *E. Hesse*, Bindung, S. 24 ff., 26 ff.; *Friedrich Klein*, in: v. Mangoldt/ders., Das Bonner GG, Art. 2 Anm. III 6 a, der zutreffend darauf hinweist, dass es in Art. 2 Abs. 1 GG nicht „freie Entfaltung *zur* Persönlichkeit“, auch nicht „Entfaltung der *freien Persönlichkeit*“, sondern „freie Entfaltung *seiner* Persönlichkeit“ heißt (aaO., Anm. III 6 c); ebenso *Sokolish*, JuS 1976, S. 776 (777). Zum Ganzen ferner *Paul Kirchhof*, in: Josef Isensee/ders. (Hrsg.), Handbuch des Staatsrechts der Bundesrepublik Deutschland, Bd. V, 1992, § 124 Rn. 62.

substantiellen, leistungsunabhängigen[216] Menschenwürdekonzepts des Grundgesetzes[217]. „Das menschliche Leben ist nicht zum wenigsten ‚banal', die Verfassung hingegen kein Instrument, die Bürger zur Verfolgung höherer Ziele anzuhalten"[218]. Wollte man nur den homo ethicus schützen, dem es gelingt, eine Persönlichkeit im qualifizierten Sinne zu entfalten, so erklärte man Art. 2 Abs. 1 GG zu einem „sehr exklusiven"[219] Grundrecht, was mit dem Willen des Verfassunggebers, dem Wortlaut der Norm („jeder", „seiner") und der geistesgeschichtlichen Verwurzelung des Grundgesetzes in der naturrechtlich-idealistischen Autonomie- und Indeterminismuslehre schwer in Einklang zu bringen sein dürfte. Für die Spezialfreiheitsrechte ist es im Übrigen unbestritten, dass etwa die Kunst-,[220] die Meinungs-[221], die Presse-[222] oder die Rundfunkfreiheit[223] nicht nur Verhaltensweisen schützen, die qualitativ ein bestimmtes Mindestniveau erreichen und sich damit für eine Aufnahme in die „höhere Ebene des Kernbezirks des Persönlichen"[224] qualifizieren. Unter In-Rechnung-Stellung des Umstandes, dass es für die Frage der Eröffnung des Schutzbereichs nicht zuletzt auf das objektivierbare und nachvollziehbare Selbstverständnis des Grundrechtsträgers ankommt[225], werden von den genannten Grundrechten auch weniger gehaltvolle, ja banale Betätigungen geschützt. Freiheit im Sinne des Grundgesetzes ist Freiheit selbstbestimmter Menschen, kurzum Freiheit

---

[216] Entgegen *Luhmann*, Grundrechte als Institution, S. 68 ff.

[217] Zutreffend herausgestellt bei *Franz Lindner*, Die gleichheitsrechtliche Dimension des Rechts auf freie Entfaltung der Persönlichkeit (Art. 2 I GG), NJW 1998, S. 1208 ff., der aus Art. 1 Abs. 1 ein freiheitsrechtliches Differenzierungsverbot ableitet. Vgl. auch *H. Dreier*, in: ders., Grundgesetz, Art. 2 I Rn. 21; *Roemer*, FS DJT, Bd. I, S. 545 (569); *Schenke*, JuS 1987, S. L 65 (66 f.); *Ekkehart Stein*, Staatsrecht, 16. Aufl. (1998), S. 246 f.; von „Freiheitsgleichheit" spricht *Dürig*, in: Maunz/Dürig, Grundgesetz, Art. 3 Rn. 134.

[218] *J. Ipsen*, Staatsrecht II, Rn. 726 a.E., unter Verweis auf BVerfGE 22, 180 (219 f.): „Der Staat hat (...) nicht die Aufgabe, seine Bürger zu ‚bessern' und deshalb auch nicht das Recht, ihnen die Freiheit zu entziehen, nur um sie zu ‚bessern' (...)."

[219] *Merten*, JuS 1976, S. 345 (345), mit einem Zitat von *Gehlen* (Moral und Hypermoral, 2. Aufl. [1970], S. 157): „An der Aufgabe, Persönlichkeit zu sein, kann man sich auch verheben".

[220] BVerfGE 75, 369 (377); 81, 298 (305).

[221] BVerfGE 33, 1 (14 f.); 90, 241 (247).

[222] BVerfGE 34, 269 (283); 66, 116 (134).

[223] BVerfGE 59, 231 (258).

[224] *Peters*, Recht, S. 49.

[225] Eingehend dazu *Wolfram Höfling*, Offene Grundrechtsinterpretation – Grundrechtsauslegung zwischen amtlichem Interpretationsmonopol und privater Konkretisierungskompetenz, 1987; *Josef Isensee*, Wer definiert die Freiheitsrechte? Selbstverständnis der Grundrechtsträger und Grundrechtsauslegung des Staates, 1980; *Martin Morlok*, Selbstverständnis als Rechtskriterium, 1993. Vgl. auch BVerfGE 85, 214 (218), wonach es „die eigenverantwortliche Entscheidung" einer jeden Person sei, „wie sie ihr Leben gestalten will". Im konkreten Fall anerkannte das BVerfG das Recht eines Wohnungssuchenden, seinen Wohnbedarf nach seinen Vorstellungen zu bestimmen, also auch auf engerem Raum zu leben, als es der allgemeinen Meinung zumutbar erscheinen mag.

nach eigenem Lebensentwurf[226]. Jede interpretatorische Reduktion des Schutzbereichs ist bei Lichte besehen nichts anderes als der Versuch, den Grundrechtsträger von staatlicher Seite aus über den „richtigen" Grundrechtsgebrauch zu belehren[227] und impliziert somit die „Gefahr einer Ideologisierung der Persönlichkeit"[228].

Was schließlich das Argument einer Ausuferung der Verfassungsbeschwerde und der verwaltungsgerichtlichen Rechtsbehelfe angeht[229], so ist dieses zwar nicht juristisch irrelevant, der Argumentation mit einer Grundrechtsfolgenprüfung kann aber stets nur eine ergänzend-unterstützende, zu den klassischen Kanones hinzutretende Bedeutung[230] im Sinne einer nachträglichen Auslegungsergebniskontrolle zukommen[231]. Die Gefahr einer Umbildung der Verfassungsbeschwerde und der Anfechtungsklage entgegen dem Telos des Art. 93 Abs. 1 Nr. 4a GG bzw. des § 42 Abs. 2 VwGO zu einer abstrakten Popularnormenkontrolle bzw. zu einem objektiven Rechtsbeanstandungsverfahren ist in der Tat nicht von der Hand zu weisen und stellt das, wissenschaftlich noch nicht hinlänglich bewältigte, Hauptproblem einer weiten Interpretation von Art. 2 Abs. 1 GG dar[232]. Unter Berufung auf Art. 2 Abs. 1 GG ist die Verfassungsbeschwerde gegen jeden

---

226 Richtig betont bei *Brugger*, Liberalismus, Pluralismus, Kommunitarismus, S. 79, 82, 173 f., und passim (Aspekt der „Eigenständigkeit"); *Lindner*, NJW 1998, S. 1208 (1209 f.); *Suhr*, Entfaltung, S. 57, 90 ff. m.w.Nachw.; vgl. auch *Bleckmann*, Staatsrecht II, § 22 Rn. 8 f.; *J. Ipsen*, Staatsrecht II, Rn. 726.

227 *Friedrich E. Schnapp*, Wie macht man richtigen Gebrauch von seiner Freiheit?, NJW 1998, S. 960.

228 *Schoch*, Übungen I, S. 266.

229 So *Grimm*, Sondervotum, BVerfGE 80, 164 (168); *K. Hesse*, Grundzüge, Rn. 427.

230 Zur Relevanz der Notwendigkeit eines sachgemäßen Ergebnisses als eines nachrangig-additiven Auslegungsgesichtspunkts vgl. die Nachw. auf die BVerfG-Rspr. bei *F. Müller*, Juristische Methodik, Rn. 33 m. Anm. 36.

231 So differenziert *Fritz Ossenbühl*, Probleme und Wege der Verfassungsauslegung, DÖV 1965, S. 649 (660 f.) m.z.w.Nachw.; vgl. auch *Larenz/Canaris*, Methodenlehre der Rechtswissenschaft, S. 184 ff.; *Ekkehart Stein*, in: Alternativkommentar-Grundgesetz, 2. Aufl. (1989), Bd. 1, Einl. II Rn. 69 ff. Ferner in der Tendenz richtig *Ernst Benda*, Gegenwind und Kreuzseen, NJW 1997, S. 560 (562): „Es ist eine realitätsfremde Annahme, das Gericht würde eine Verfassungsinterpretation in einer so grundsätzlich und praktisch bedeutsamen Frage allein deswegen aufgeben oder wesentlich ändern, weil es sich in einer schwer zu bewältigenden Belastungssituation befindet. Mehr noch: Es wäre auch unter rechtsstaatlichen Gesichtspunkten kaum zu rechtfertigen, wäre dies der einzige oder doch ausschlaggebende Grund für ein drastisch gewandeltes Grundrechtsverständnis. Wie das Plenum des BVerfG in seiner Entscheidung zu § 554 b ZPO (BVerfGE 54, 227 [282, 294] = NJW 1981, 39) gesagt hat, ist es eine ‚verfassungswidrige Möglichkeit', eine Norm ‚als Mittel der Selbststeuerung der Arbeitslast einzusetzen'." A.A. *Hans-Peter Schneider*, SOS aus Karlsruhe – das Bundesverfassungsgericht vor dem Untergang?, NJW 1996, S. 2630 (2631 f.); *ders.*, NJW 1999, S. 1497 (1500; „Arbeitsbeschaffungsprogramm gigantischen Ausmaßes").

232 Dies räumen auch Vertreter eines weiten Schutzbereichsverständnisses ein; vgl. *H. Dreier*, in: ders., Grundgesetz, Art. 2 I Rn. 28 f. (28, „gravierende verfassungsprozessuale Folgen"); *Pieroth*, AöR 115 (1990), S. 33 (35; „das systematisch gewichtigste Argument");

Akt der öffentlichen Gewalt zulässig. Entgegen dem Wortlaut von Art. 93 Abs. 1 Nr. 4a GG, der ausdrücklich bestimmte Grundrechte und grundrechtsgleiche Rechte als rügefähig enumeriert, kann über das prozessuale Passepartout des Art. 2 Abs. 1 GG somit jeder Verstoß gegen objektives Verfassungsrecht zu einer mittelbaren Grundrechtsverletzung[233] führen.

Diese prozessualen „Unfolgerichtigkeiten und Schwierigkeiten"[234] eines weiten Verständnisses von Art. 2 Abs. 1 GG lassen sich aber anderweitig, etwa durch ein Verständnis der Schutznormtheorie im Sinne einer strikten Spezialität einfachgesetzlicher Vorschriften[235] und durch die Einführung eines Schwere- bzw. Zumutbarkeitskriteriums analog der Rechtsprechung zu Art. 14 Abs. 1 GG als drittschützender Norm im Baurecht[236] oder durch eine ausnahmsweise[237] Restriktion des Eingriffsbegriffs im Rahmen von Art. 2 Abs. 1 GG[238], dogmatisch bewältigen. Ungeachtet dessen sind eben auf die Abweisung von Verfassungsbeschwerden und Klagen, die wegen evidenter Eingriffsrechtfertigung ohne weiteres unbegründet sind, „nicht viele Worte (zu) verwenden"[239]. Hinzuweisen ist schließlich noch auf die Begrenzung der Nachprüfung auf die Verletzung von spezifischem Verfassungsrecht im Rahmen der Urteilsverfassungsbeschwerde[240]. Auch das prozessökonomische Argument zwingt somit nicht zu einer Abkehr von dem nach den allgemeinen Auslegungsregeln für richtig befundenen weiten Schutzbereichsverständnis.

Scholz, AöR 100 (1975), S. 80 (82, 84 f.); *Christian Starck*, Die Grundrechte des Grundgesetzes, JuS 1981, S. 237 (246); *Stern*, Staatsrecht III/1, S. 1495.

[233] Vgl. *Helmut Hutzelmann*, Die prozessuale Bedeutung des Elfes-Urteils des Bundesverfassungsgerichts, Diss. Regensburg, 1970, S. 63 ff.

[234] *K. Hesse*, Grundzüge, Rn. 428. Eingehend *Hutzelmann*, Bedeutung, insbes. S. 198 ff.

[235] Zu Recht gegen einen Direktzugriff auf Art. 2 Abs. 1 GG *Matthias Schmidt-Preuß*, Kollidierende Privatinteressen im Verwaltungsrecht, 1992, S. 61 f. m.w.Nachw.

[236] Tendenziell ebenso *Scholz*, AöR 100 (1975), S. 80 (111 ff. in Anm. 174 m.z.w.Nachw.).

[237] Grundsätzlich mit Recht zurückhaltend gegenüber einer Eingrenzung des Eingriffsbegriffs *v. Arnauld*, Freiheitsrecht, S. 93 ff.

[238] Für eine Ausblendung ungezielter, tatsächlicher Beeinträchtigungen im Rahmen von Art. 2 Abs. 1 GG zu Recht BVerfGE 76, 1 (72); 98, 218 (259, 262); *Pieroth/Schlink*, Grundrechte, Rn. 380; *Jost Pietzcker*, „Grundrechtsbetroffenheit" in der verwaltungsrechtlichen Dogmatik, in: Günter Püttner (Hrsg.), FS Bachof, 1984, S. 131 (145 ff.). Etwas anders *Murswiek*, in: Sachs, Grundgesetz, Art. 2 Rn. 82 f., der nur nicht-finale Eingriffe ausgrenzen möchte und im Übrigen für eine sinnvolle Eingrenzung vom Tatbestand her plädiert. Generell in diese Richtung zielend *J. Ipsen*, Staatsrecht II, Rn. 123 ff. Zurückhaltend gegenüber derartigen Restriktionsbestrebungen dagegen *Friedhelm Hufen*, Entstehung und Entwicklung der Grundrechte, NJW 1999, S. 1504 (1508).

[239] So mit Recht *Murswiek*, in: Sachs, Grundgesetz, Art. 2 Rn. 50; ebenso – unter Bezugnahme auf § 93a Abs. 2 BVerfGG – *v. Arnauld*, Freiheitsrechte, S. 104.

[240] BVerfGE 1, 418 (420); 18, 85 (92), st. Rspr.

Es bleibt folglich festzuhalten: Art. 2 Abs. 1 GG fungiert als „allgemeines Freiheitsrecht“[241]. Er fixiert in der Schriftform der Verfassung eine bereits naturrechtlich vorgegebene Freiheitsposition des einzelnen Menschen[242] und schützt die allgemeine Handlungsfreiheit im umfassenden Sinne[243], nämlich die Freiheit, nach eigenem Belieben zu tun und zu lassen, soweit nicht überwiegende allgemeine oder subjektive Belange eine Beschränkung fordern[244]. Die Freiheit des Einzelnen ist der Grundsatz, der staatliche Eingriff in die Freiheit die rechtfertigungsbedürftige Ausnahme[245]. Die Freiheitseinschränkung wird, mit anderen Worten, erst von außen an die prima facie unbegrenzt gewährleistete Freiheit herangetragen (*Außentheorie*)[246], sie wohnt dem Schutzbereich der Freiheit nicht schon von vornherein als integrative Komponente inne (*Innentheorie*)[247].

---

[241] BVerfGE 63, 45 (60); 66, 313 (318); *Alexy*, Theorie der Grundrechte, S. 309 ff.; ähnlich BVerfGE 6, 32 (42, „grundsätzliche Freiheitsvermutung“).

[242] *v. Arnauld*, Freiheitsrechte, S. 49 ff.; *Roemer*, FS DJT, Bd. I, S. 545 (552).

[243] BVerfGE 6, 32 (36), st. Rspr.; vgl. auch BVerfGE 54, 143 (144); 55, 159 (165); 74, 129 (151); 75, 108 (154 f.); 80, 137 (152 ff.); 91, 335 (338); 95, 267 (303); 96, 10 (21); ebenso die herrschende Lehre; vgl. *Badura*, Staatsrecht, C Rn. 33; *Degenhart*, JuS 1990, S. 161 (162 ff.); *H. Dreier*, in: ders., Grundgesetz, Art. 2 I Rn. 20; *Dürig*, in: Maunz/ders., Grundgesetz, Art. 2 Abs. 1 Rn. 11; *Hillgruber*, Schutz, S. 111 ff. (114 ff.); *Jarass*, in: ders./Pieroth, Grundgesetz, Art. 2 Rn. 3; *Maunz/Zippelius*, Deutsches Staatsrecht, S. 178 f.; *Murswiek*, in: Sachs, Grundgesetz, Art. 2 Rn. 10, 42 ff.; *Nipperdey/Wiese*, GrR IV/2, S. 741 (768 ff.); *Reiner Schmidt*, Öffentliches Wirtschaftsrecht, AT, S. 160; *Scholz*, AöR 100 (1975), S. 80 (86 ff., 89 ff., 97 ff.); *Starck*, in: v. Mangoldt/Klein/ders., Das Bonner GG, Art. 2 Abs. 1 Rn. 8 ff. Kongruent der Meinungsstand zum Landesverfassungsrecht; vgl. stellv. *Hans H. Mahnke*, Die Verfassung des Landes Sachsen-Anhalt, 1993, Art. 5 Rn. 6; *Theodor Meder*, Die Verfassung des Freistaates Bayern, 4. Aufl. (1992), Art. 101 Rn. 10; *Klaus Müller*, Verfassung des Freistaats Sachsen, 1993, Art. 15 Anm. 2; *Heinzgeorg Neumann*, Die Verfassung der Freien Hansestadt Bremen, 1996, Art. 3 Rn. 4.

[244] *Gallwas*, Grundrechte, Rn. 285 f. Zur Unbeachtlichkeit der Frage, welches Gewicht dem Verhalten für die Persönlichkeitsentfaltung zukommt BVerfGE 80, 137 (152); 90, 145 (171); 91, 335 (338).

[245] Nur ausnahmsweise fällt eine Betätigung, so etwa die Nutzung des Wassers, bereits nicht unter den grundrechtlich geschützten Freiheitsgebrauch. Die Nutzung knapper öffentlicher Güter stellt sich nämlich nicht als Freiheitsausübung, sondern als Teilhabe an staatlich gewährten Leistungen dar; vgl. bezogen auf Art. 14 Abs. 1 GG BVerfGE 58, 300 (insbes. 338 ff.); BVerfGE 93, 319 (339 ff.), im Anschluss an *Dietrich Murswiek*, Privater Nutzen und Gemeinwohl im Umweltrecht, DVBl. 1994, S. 77 ff.; ähnlich *Reiner Schmidt*, Umweltschutz durch Grundrechtsdogmatik, in: Franz Ruhland (Hrsg.), FS Zacher, 1998, S. 947 ff. Ein genereller, im Rahmen von Art. 2 Abs. 1 GG zu beachtender, immanenter ökologischer Grundrechtsvorbehalt folgt hieraus gleichwohl nicht; vgl. *Bethge*, VVDStRL 57 (1998), S. 7 (23); *Scholz*, in: Maunz/Dürig, Grundgesetz, Art. 20a (1996) Rn. 21, 46; ausführlich *Wolfram Sandner*, Investitionserleichterung und kommunale Planungshoheit, 1997, S. 99 ff. Grundsätzlich wird auch der zu einer Umweltbeeinträchtigung führende Freiheitsgebrauch von Art. 2 Abs. 1 GG erfasst. Instruktiver Überblick zum Problem und zum Meinungsstand bei *Lars Diederichsen*, Das Vermeidungsgebot im Abfallrecht, 1998, S. 224 ff.

[246] Statt vieler *Alexy*, Theorie der Grundrechte, S. 251 ff., 273 ff.; *Höfling*, Grundrechtstatbestand – Grundrechtsschranken – Grundrechtsschrankenschranken, Jura 1994,

2. Methodologische Begründbarkeit

Normkonkurrenzen sind ein generelles, allen Rechtsgebieten gemeinsames Phänomen. Nach der mehrheitlichen Meinung der öffentlich-rechtlichen Konkurrenzlehre[248] sind jedoch die Grundsätze der Gesetzeskonkurrenz aus dem Zivil-[249] und insbesondere aus dem Strafrecht[250] *nicht* auf das Verhältnis der Grundrechte untereinander transferierbar, sieht man einmal

S. 169 (170 f.); *ders.*, Offene Grundrechtsinterpretation, S. 176; *Isensee*, HStR V, § 111 Rn. 37 ff.; *Lerche*, HStR V, § 121 Rn. 8; *Morlok*, Selbstverständnis als Rechtskriterium, S. 396; *Manssen*, Privatrechtsgestaltung, S. 131; *Murswiek*, in: Sachs, Grundgesetz, Art. 2 Rn. 12; *Schwabe*, Probleme der Grundrechtsdogmatik, S. 60 ff.; frühzeitig für eine grundsätzliche Geltung der Gesetze im Rahmen der Grundrechte und nicht umgekehrt *Herbert Krüger*, Die Einschränkung von Grundrechten nach dem Grundgesetz, DVBl. 1950, S. 625 (626); zuletzt eingehend und m.w.Nachw. *v. Arnauld*, Freiheitsrechte, S. 15 ff. (speziell zu Art. 2 Abs. 1 GG aaO., S. 49 ff.), 103 ff. *v. Arnauld* gelangt zu dem Ergebnis (aaO., S. 47), „daß das Regel-Ausnahme-Modell der Außentheorie für die Strukturierung der Freiheitsrechtsordnung nach dem Grundgesetz den Vorzug verdient: Es entspricht der Erkenntnis, daß jeder Rechtsordnung hinsichtlich der Frage von Freiheit und Unfreiheit der Gedanke von Regel und Ausnahme zugrundeliegt, es deckt sich mit dem Wortlaut der Grundrechtsnormen im Verfassungstext und steht darüber hinaus in der geschichtlichen Tradition der Grund- und Menschenrechtsidee, wie sie das Menschenbild des Grundgesetzes geprägt hat. Auch für die Absicherung rechtsstaatsgemäßer Begründungspflichten unmittelbar in der Freiheitsrechtsordnung liefert dieser Ansatz die notwendige Grundlage. Schließlich bietet die Außentheorie auch in methodischer Hinsicht Vorteile gegenüber der Innentheorie, was sich über eine klarere Rechtsanwendung auch auf die Rechtssicherheit sowie die Gerechtigkeit im Einzelfall auswirken dürfte." Allgemein zur Notwendigkeit einer Strukturierung der grundrechtlichen Argumentation *Höfling*, Jura 1994, S. 169 (169 f., 172).

[247] Für diese besonders *Häberle*, Wesensgehaltsgarantie, S. 126 ff. (179 f.); tendenziell ähnlich *Suhr*, Entfaltung, S. 129 ff.; vgl. für Art. 2 Abs. 1 GG auch *Krebs*, Vorbehalt des Gesetzes und Grundrechte, S. 36 f.

[248] Die öffentlich-rechtliche Konkurrenzlehre ist jedoch, dies gilt es kritisch anzumerken, gerade im Vergleich zum Zivil- und Strafrecht, noch immer ein wissenschaftliches Entwicklungsgebiet. Für eine eingehende Durchdringung der Thematik aus spezifisch öffentlich-rechtlicher Sicht besteht jedoch ein erhebliches Bedürfnis, gilt doch die dogmatische Bewältigung zumal der Grundrechtskonkurrenzen als weitgehend ungesichert; vgl. nur *Herzog*, in: Maunz/Dürig, Grundgesetz, Art. 5 I, II Rn. 31; *Stern*, Staatsrecht III/2, S. 1368, 1370, 1372. Bezeichnend ist etwa, dass Bd. V des monumentalen Handbuchs des Staatsrechts der Bundesrepublik Deutschland von *Isensee/Kirchhof* der Konkurrenzenlehre kein eigenes Kapitel widmet oder dass die meisten allgemeinen Rechts- und Methodenlehren öffentlich-rechtliche Konkurrenzfragen völlig aussparen; vgl. repräsentativ *Klaus F. Röhl*, Allgemeine Rechtslehre, 1994, S. 614 ff.

[249] Siehe *Ludwig Enneccerus/Hans-Carl Nipperdey*, Allgemeiner Teil des Bürgerlichen Rechts, 1. Halbbd., 15. Aufl. (1959), § 60; *Apostolos Georgiades*, Die Anspruchskonkurrenz im Zivilrecht und Zivilprozeß, 1967; *Friedrich Lent*, Die Gesetzeskonkurrenz im Bürgerlichen Recht und Zivilprozeß, Bd. 1, 1912, Bd. 2, 1916; *Rudolf Schmidt*, Die Gesetzeskonkurrenz im bürgerlichen Recht, 1915.

[250] Dazu *Friedrich Geerds*, Zur Lehre von der Konkurrenz im Strafrecht, 1961; *Günther Jakobs*, Strafrecht, AT, 2. Aufl. (1991), S. 861 ff.; *Hans-Heinrich Jescheck*, Lehrbuch des Strafrechts, AT, 5. Aufl. (1996), §§ 67 ff.

von dem Grobraster von Gesetzes- und Idealkonkurrenz ab[251]. Vielmehr gelte es, eine „spezifisch verfassungsrechtliche Lösung" zu finden[252]. „Im Grundgesetz", so *Wilfried Berg*, „gibt es nicht die große Anzahl abgestufter und differenzierter Tatbestände wie im Strafrecht, und die hieraus resultierende spezifische Gefahr des Strafrechts, Doppelbeurteilungen und damit doppelte Bestrafung vorzunehmen, kann auch nur für das Strafrecht eine verstärkte Anwendung der Gesetzeskonkurrenz notwendig machen."[253] Ist das strafrechtliche Leitprinzip die strikte Beachtung des Nulla-poena-Satzes (Art. 103 Abs. 2 GG, § 1 StGB), so ist der tragende Gedanke im Verfassungsrecht die Verwirklichung des Freiheitsprinzips, welche eine Heranziehung mehrerer Grundrechte gerade fordern kann. Mit dem Gebot umfassenden Freiheitsschutzes kollidiert die Anwendung strafrechtlicher Gesetzeskonkurrenzlehren, welche tendenziell die Gefahr eines Verlustes doppelter oder mehrfacher Grundrechtsprüfungen und der Entwertung des Grundsatzes der Schutzkumulation[254] in sich birgt[255]. Die fein ziselierte, im Detail gleichwohl mit Abgrenzungsschwierigkeiten behaftete, strafrechtliche Einteilung in die Fallgruppen der Spezialität, der Subsidiarität und der Konsumtion kann daher für die Grundrechtskonkurrenzlehre nur unter starker Emanzipation vom strafrechtlichen Verständnis fruchtbar gemacht werden. Die herrschende Verfassungsrechtslehre steht sogar auf dem Standpunkt, dass allein die Spezialität als Fall der unechten (scheinbaren) Konkurrenz zwischen mehreren Grundrechten anzuerkennen ist[256].

Spezialität im Sinne logischer Exklusion liegt nach tradiertem Verständnis vor, wenn der Tatbestand einer Norm (T 1) alle Merkmale des Tatbestands einer anderen Norm (T 2) enthält und noch wenigstens ein zusätzliches qualifizierendes Merkmal[257]. Zwei Bestimmungen müssen sich zuein-

---

[251] Deutlich *Bleckmann/Wiethoff*, DÖV 1991, S. 722 (724; „nicht tragfähig"); *Rohrer*, Beziehungen, S. 17 („ungeeignet"); *Schwabe*, Probleme der Grundrechtsdogmatik, S. 332 („verspricht ... keinen Gewinn"); abgemildert *Herzog*, in: Maunz/Dürig, Grundgesetz, Art. 5 I, II Rn. 31, 37; *Stern*, Staatsrecht III/2, S. 1373.

[252] *Bleckmann/Wiethoff*, DÖV 1991, S. 722 (724 in Anm. 12).

[253] *Berg*, Konkurrenzen, S. 162; vgl. auch, aaO., S. 2 ff. (8).

[254] Zu diesem *Bleckmann/Wiethoff*, DÖV 1991, S. 722 (724); *Stern*, Staatsrecht III/2, S. 1387, 1397 f.

[255] *Berg*, Konkurrenzen, S. 162 f.

[256] Vgl. *Berg*, Konkurrenzen, S. 163; *Schwabe*, Probleme der Grundrechtsdogmatik, S. 332; innerhalb der Erörterung der Gesetzeskonkurrenzen gleichfalls nur auf die Spezialität abhebend *Herzog*, in: Maunz/Dürig, Grundgesetz, Art. 5 I, II Rn. 32 ff.; *Jarass*, in: ders./Pieroth, Grundgesetz, Vorb. vor Art. 1 Rn. 23. Dem kann nur hinsichtlich der mangelnden Tauglichkeit der Konsumtion für die Lösung von Grundrechtskonkurrenzen gefolgt werden (dazu *Michael Sachs*, in: ders. [Hrsg.], Grundgesetz, 2. Aufl. [1999], Vor Art. 1 Rn. 136; *Stern*, Staatsrecht III/2, S. 1398 ff.), nicht aber hinsichtlich der Ausscheidung auch der Subsidiarität (siehe unten Fn. 274).

[257] Vgl. *Berg*, Konkurrenzen, S. 127, 162; *Degen*, Pressefreiheit, Berufsfreiheit, Eigentumsgarantie, S. 67 f.; *Larenz*, Methodenlehre der Rechtswissenschaft, S. 267; *Zippelius*, Juristische Methodenlehre, S. 39; dogmatisch verfeinernd, wenngleich für das praktische

ander wie konzentrische Kreise verhalten: „Der größere Kreis ist dann das generelle Grundrecht, der kleinere das spezielle Grundrecht. Mit anderen Worten hält sich der Schutzbereich des speziellen Grundrechts im Rahmen des Schutzbereichs des generellen Grundrechts, schneidet aber aus dessen Schutzbereich bestimmte Segmente heraus."[258] Diese Anforderungen treffen auf das Verhältnis der Art. 2 Abs. 2, Art. 4 ff. GG zu Art. 2 Abs. 1 GG zu[259]. So werden etwa die Schutzbereiche der Berufsfreiheit oder der Meinungsäußerungsfreiheit vollständig von Art. 2 Abs. 1 GG abgedeckt. Art. 2 Abs. 1 GG erschöpft sich hierin aber nicht, sondern weist hinsichtlich seines Schutzbereichs darüber hinaus.

Spezialität bedeutet nicht zwingend Kongruenz des größeren Kreises mit der Summe der kleineren Kreise[260]. Auf das Recht der freien Persönlichkeitsentfaltung gemünzt bedeutet dies: „Die unmittelbare, nicht hinter die Einzelgrundrechte zurücktretende Anwendung von Art. 2 Abs. 1 GG bleibt für den Rest all jener sachlichen Elemente offen, die nicht von den Normbereichen der Spezialgrundrechte erfaßt sind und die deshalb dem fragmentarischen, durch ständige Rechtsprechung sich allmählich konsolidierenden Normbereich von Art. 2 Abs. 1 GG zufallen können."[261]. In diesen Fällen ist Art. 2 Abs. 1 GG nur teilweise von einem Einzelfreiheitsrecht überdeckt, im Übrigen aber „mitbetroffen"[262]. Soweit die Schutzlücke reicht, und nur soweit, tritt die Generalität von Art. 2 Abs. 1 GG zurück und dessen Auffang-, Schutzergänzungs- und Schutzvermittlungsfunktion gelangt zum Vorschein. Mit *Peter Lerche* gesprochen, bezieht sich der verdrängende Anwendungsvorrang der lex specialis eben „nur auf die *Spezialaussage* des speziellen Grundrechts"[263]. Oder in der Terminologie des BVerfG: Der Grundsatz der Spezialität der Art. 2 Abs. 2, Art. 4 ff. GG gilt nur so weit, wie eine Verletzung des Art. 2 Abs. 1 GG und einer besonderen Grundrechtsnorm *unter demselben sachlichen Gesichtspunkt* in Betracht kommt, nicht aber, wenn Art. 2 Abs. 1 GG unter einem Gesichtspunkt einschlägig ist, der nicht in den Bereich besonderer Grundrechte fällt[264]. Die Spezialität endet

---

Ergebnis zumeist bedeutungslos, die Subdifferenzierung zwischen Tatbestands- und Rechtsfolgenspezialität bei *Schwabe*, Probleme der Grundrechtsdogmatik, S. 326 ff., 331 ff.

[258] *Bleckmann*, Staatsrecht II, § 14 Rn. 8.

[259] Umfassende Nachw. hierzu oben in Fn. 9.

[260] Vgl. stellv. *Kramer*, Juristische Methodenlehre, S. 82; daher nicht überzeugend die Argumentation von *Berg*, Konkurrenzen, S. 127, die Annahme eines Spezialitätsverhältnisses mache Art. 2 Abs. 1 GG „überflüssig".

[261] *F. Müller*, Juristische Methodik, Rn. 63.

[262] BVerfGE 13, 290 (296).

[263] *Lerche*, HStR V, § 121 Rn. 14 (Hervorhebung im Original); vgl. auch *ders.*, aaO., § 122 Rn. 46; zustimmend *Ziekow*, Freizügigkeit, S. 427.

[264] BVerfGE 19, 206 (225); 30, 292 (336); vgl. auch BVerfGE 58, 358 (363): Maßgeblich ist danach, dass „in dem betroffenen Lebensbereich unter dem gleichen Gesichtspunkt" keine speziellere Norm einschlägig ist; vgl. allg. zu den Voraussetzungen für die Annahme von Spezialität BVerfGE 13, 290 (296), sowie die Übersicht zur älteren Rspr.

dort, wo sich die allgemeine Norm nicht mehr als die Summe der Ausformungen in den besonderen Normen präsentiert, sie verbietet aber nicht denknotwendig die Annahme eines partiell überschießenden Schutzgehalts und insoweit eines Selbststandes der allgemeinen Norm. Der eingangs dargestellte Verdrängungseffekt der spezielleren Norm[265] ist somit – entgegen der h.M.[266] – kein vollständiger[267]. Das Spezialitätsverhältnis kann ein Verhältnis der Totalspezialität oder der *Teilspezialität* sein[268]. Auf die Konkurrenz von Art. 2 Abs. 1 GG zu den übrigen Freiheitsgrundrechten trifft Letzteres zu[269].

Was *Karl Larenz* für das Zivilrecht ausgeführt hat, kann durchaus Anspruch auf allgemeine Gültigkeit reklamieren: „Soweit nämlich die Rechtsfolgen der konkurrierenden Rechtssätze miteinander verträglich sind, kommt es darauf an, ob die Rechtsfolgen der spezielleren Norm für deren Anwendungsbereich die der allgemeinen Norm nach der Regelungsabsicht des Gesetzes nur ergänzen, sie modifizieren oder aber an ihre Stelle treten sollen."[270] Das bedeutet: Die Annahme eines Spezialitätsverhältnisses schließt nicht aus, dass Art. 2 Abs. 1 GG und die übrigen Freiheitsrechte mit dem Ziel reziproker *Schutzergänzung* gemeinsam zur Anwendung kommen. Die prinzipielle Spezialität der Einzelfreiheitsrechte als Grundrelation bleibt davon unberührt[271]. Hilfsweise kann Art. 2 Abs. 1 GG auch allein zum Zuge kommen, wenn es an einem vorrangigen speziellen Grundrecht fehlt. Auch dies ändert jedoch nichts an dem *Grundverhältnis der Spezialität.*

Die Spezialität erweist sich also im Verfassungsrecht, im Gegensatz zum Straf- und Zivilrecht, nicht als eine absolute, sondern als eine flexible, für, je nach Betrachtung, durchbrechende oder additive, Subrelationen *offene Kategorie.* Der konkurrenzrechtliche Grundsatz formaler Spezialität wird, genauer gesagt, angereichert um verschiedene Formen der *Subsidiarität.* Unter die Subsidiarität werden die Fälle subsumiert, in denen die von einer Norm N_1 erfassten Sachverhalte nur hilfsweise für den Fall zu berücksichtigen

---

bei *Scholz*, AöR 100 (1975), S. 80 (115). Die Verdrängungswirkung ist dabei unabhängig von einer Verletzung des speziellen Grundrechts.

265 Siehe oben I.

266 Siehe die Nachw. oben in Fn. 17.

267 *Fohmann*, EuGRZ 1985, S. 49 (53), spricht hier von „Restwirkungen" der verdrängten Norm. Dies verkennt *Ziekow*, Freizügigkeit, S. 420 ff., der daher zu Unrecht jede Generalität von Art. 2 Abs. 1 GG verneint.

268 Frühzeitig erkannt von *Scholz*, AöR 100 (1975), S. 80 (115).

269 Weitergehend *Rüfner*, FG BVerfG II, S. 453 (477), wonach „grundsätzlich kein Freiheitsrecht als bloßer Spezialfall eines anderen angesehen werden" kann.

270 *Larenz*, Methodenlehre der Rechtswissenschaft, S. 267 f.; zustimmend *Degen*, Pressefreiheit, Berufsfreiheit, Eigentumsgarantie, S. 69 m. Anm. 120, S. 297 („keine Verdrängungsautomatik"); *Stern*, Staatsrecht III/2, S. 1401; *Zippelius*, Juristische Methodenlehre, S. 39; a.A. *Rolf Dietz*, Anspruchskonkurrenz bei Vertragsverletzung und Delikt, 1934, S. 31 ff.

271 Vgl. *Schwabe*, Probleme der Grundrechtsdogmatik, S. 326.

sind, dass die in einer Norm N $_2$ beschriebenen Sachverhalte nicht vorliegen[272]. Die Auffangfunktion und die Schutzergänzungsfunktion (mit Art. 2 Abs. 1 GG als dominantem Grundrecht)[273] können unter den Oberbegriff einer so verstandenen Subsidiarität gefasst werden[274]. Im Zusammentreffen mit diesen Subsidiaritätsformen wird alles in allem ein Konkurrenzverhältnis ausgeformt, das am ehesten als *Grundsatz der Spezialität sui generis*[275] bezeichnet werden kann. Dabei ist m.E. die Spezialität im Verhältnis des Art. 2 Abs. 1 GG zu den nachstehenden Freiheitsrechten die Leit- bzw. Grundkategorie, welche angereichert wird oder – anders ausgedrückt – welche eine Synthese eingeht mit der Subsidiarität von Art. 2 Abs. 1 GG. Die Schutzergänzung fügt sich hierin genau genommen als ein Mischphänomen ein, bestehend aus Fällen partieller Grundrechtsüberschneidung und Subsidiarität und aus Fällen partieller Grundrechtsüberschneidung und Spezialität. Spezialität und Subsidiarität bleiben aber zwei getrennte, nicht synonym setzbare Kategorien[276].

---

272 Statt vieler *Schwacke*, Grundrechtliche Spannungslagen, S. 25 m.w.Nachw.

273 Siehe oben III. 1. b).

274 Auch in der Rechtsprechung und im Schrifttum stößt man bezogen auf Art. 2 Abs. 1 GG häufig auf den Subsidiaritätsterminus, wenngleich Generalität und Subsidiarität dabei offensichtlich ineinsgesetzt werden; vgl. BVerfGE 30, 173 (192, „Verhältnis der Subsidiarität des Art. 2 Abs. 1 GG zur Spezialität der Einzelfreiheitsrechte"); *Jarass*, in: ders./Pieroth, Grundgesetz, Art. 2 Rn. 2; *Hutzelmann*, Bedeutung, S. 87 f.; *Kunig*, in: v. Münch/ders., Grundgesetz-Kommentar, Art. 2 Rn. 88; *Pieroth/Schlink*, Grundrechte, Rn. 369; *Scholz*, AöR 100 (1975), S. 80 (113 ff., und passim); implizit *Bachof*, GrR III/1, S. 155 (167; „Auffangnorm"); für eine Verwendbarkeit der Subsidiarität als verfassungsrechtliche Konkurrenzgröße wie hier *Fohmann*, EuGRZ 1985, S. 49 (53, 58); *Rohrer*, Beziehungen, S. 30 in Anm. 83; enger die oben in Fn. 256 zitierten Autoren, die allein die Spezialität als Form der verfassungsrechtlichen unechten Konkurrenz anerkennen.

275 Dies deckt sich mit der Feststellung von *Fohmann*, EuGRZ 1985, S. 49 (53), demzufolge das BVerfG „Gesetzeskonkurrenzen ausschließlich in Gestalt von Spezialitäten auflöst, dabei den Spezialitätsbegriff aber *nicht durchgehend* formal als Einschlußverhältnis zwischen den Tatbeständen der abstrakt-generellen Grundrechtsnormen, sondern aus *inhaltlichen* Überlegungen heraus *manchmal* auch *material* versteht" (Hervorhebungen im Original). Die überaus fein ziselierte *Fohmann*sche Begrifflichkeit (aaO., S. 57 f.) muss hier im Einzelnen unkommentiert bleiben.

276 Abzulehnen ist daher die „in sich inkonsistente" (*Fohmann*, EuGRZ 1985, S. 49 [53]) Figur einer „Subsidiarität infolge erschöpfender Sonderregelung"; hierfür aber *Larenz*, Methodenlehre der Rechtswissenschaft, S. 268 m. Anm. 28 (im Anschluss an *Dietz*, Anspruchskonkurrenz, S. 62); dem folgend *Degen*, Pressefreiheit, Berufsfreiheit, Eigentumsgarantie, S. 67 ff. (69), 297.

V. Gefahren der Schutzergänzung

1. Entwertung der Grundrechtsdivergenz

Die Schutzergänzungsfunktion des Art. 2 Abs. 1 GG beschwört in der Tendenz die Gefahr einer Überspielung des Willens des Verfassunggebers zugunsten einer Überbetonung der Elastizität und Offenheit der Grundrechte herauf. Unter dem Topos der Einheit der Verfassung droht eine potentielle Entwertung und Aushöhlung der filigran abgestuften und differenzierten Systematik der Freiheitsgrundrechte. Dieses System verbietet insbesondere eine unmittelbare und eine analoge Übertragung der Schrankentrias des Art. 2 Abs. 1 2. Hs. GG auf andere Freiheitsrechte[277]. Klassisch für diese beinahe communis opinio ist das Votum *Dürigs*, es sei „selbstverständlich unzulässig, dieses bewußt subtil geregelte System der Grundrechtsbeschränkungsmöglichkeiten etwa dadurch einzuebnen, daß man einfach bei allen Grundrechten (…) den ‚Soweitsatz' des Art. 2 Abs. 1 mitliest und jedes Grundrecht in demselben Umfange einem Verfassungsvorbehalt unterwirft, wie er für das selbständige Auffangrecht des Art. 2 Abs. 1 entwickelt wurde"[278].

Hieraus folgt: Es gibt sub specie der Einschränkbarkeit und unter Betonung der vorrangigen abwehrrechtlichen Grundrechtsfunktion[279] „stärkere" und „schwächere" Freiheitsrechte (*Divergenztheorie*). Die Annahme ei-

---

[277] So für Art. 4 Abs. 1 und 2 GG: BVerfGE 32, 98 (107); a.A. OLG Köln, NJW 1995, S. 3319 (3320); für Art. 5 Abs. 3 GG: BVerfGE 67, 213 (228); für Art 6 Abs. 1 GG: BVerfGE 31, 58 (68). Gegen eine Schrankenübertragung von Art. 2 Abs. 1 2. Hs. GG auf die speziellen Freiheitsgrundrechte auch die ganz h.L.; vgl. nur *Berg*, Konkurrenzen, S. 86 ff.; *Murswiek*, in: Sachs, Grundgesetz, Art. 2 Rn. 13; *Seifert/Hömig*, Grundgesetz, Art. 4 Rn. 12; *Starck*, in: v. Mangoldt/Klein/ders., Das Bonner GG, Art. 2 Abs. 1 Rn. 51; a.A. noch *E.R. Huber*, Wirtschaftsverwaltungsrecht, S. 661; *Friedrich Klein*, in: v. Mangoldt/ders., Das Bonner GG, Vorbem. B XV a, Art. 5 Anm. X 6 f-i.; *Peters*, Recht, S. 51; w. Nachw. bei *Berg*, Konkurrenzen, S. 65 ff.; differenziert und kritisch zu den einzelnen Immanenzlehren *v. Arnauld*, Freiheitsrechte, S. 68 ff., 115 ff.; *Herwig van Nieuwland*, Darstellung und Kritik der Theorien der immanenten Grundrechtsschranken, Diss. Göttingen 1981, S. 22 ff.

[278] *Dürig*, in: Maunz/ders., Grundgesetz, Art. 2 Abs. 1 Rn. 69. Nicht konsequent aber dann das Plädoyer *Dürigs* (aaO., Rn. 72) für eine mittelbare Heranziehung des „Soweit-Satzes" des Art. 2 Abs. 1 GG als „Verfassungsvorbehalt zur Interpretation immanenter Grundrechtsschranken".

[279] Krit. daher *Ziekow*, Freizügigkeit, S. 423.

nes Systems schrankendivergenter Grundrechte[280] hat wohlgemerkt nichts zu tun mit der Frage einer abstrakt-materialen und absoluten Rangordnung unter den Grundrechten, welche, sieht man einmal von Art. 1 Abs. 1[281] und Art. 2 Abs. 2 S. 1 GG ab, vom BVerfG und der h.L. zu Recht abgelehnt werden[282]. Gemeint ist vielmehr primär eine konkret-formale und relative Hierarchie[283]. Diese resultiert aus Folgendem: Art. 2 Abs. 1 GG steht unter der denkbar weitesten Beschränkungsmöglichkeit, nämlich einem allgemeinen Rechtsvorbehalt[284]. Unter die „verfassungsmäßige Ordnung" fallen alle Rechtsnormen, die formell und materiell mit der Verfassung übereinstimmen[285]. Ausgenommen hiervon ist lediglich der unantastbare Be-

---

[280] Die unterschiedliche Ausgestaltung der Schranken und Schranken-Schranken kann hier nicht en détail nachgezeichnet werden; vgl. dazu stellv. *v. Arnauld*, Freiheitsrechte, S. 110 ff.; 141 ff.; *Schnapp*, JuS 1978, S. 729 ff.; ausführlichst *Sachs*, in: Stern, Staatsrecht III/2, S. 225 ff., 369 ff., 493 ff., 691 ff., 761 ff., 837 ff.

[281] Dazu *Enders*, Menschenwürde, S. 70 ff. m.w.Nachw.

[282] Statt aller *Rüfner*, FG BVerfG II, S. 453 (461 ff.); *Sachs*, in: Staatsrecht III/2, S. 66 ff., jeweils m.w.Nachw.

[283] Für deren Möglichkeit *F. Müller*, Die Positivität der Grundrechte, S. 54 f., 60 f.; *Roemer*, FS DJT, Bd. I, S. 545 (571); *Scheuner*, VVDStRL 22 (1965), S. 1 (54 f.). Dies übersieht *Ziekow*, Freizügigkeit, S. 424 f. Dessen Behauptung, mit der hier vertretenen Position würde unterstellt, der Schutz etwa der religiösen Betätigung sei wichtiger als das Leben, da Art. 4 GG, anders als Art. 2 Abs. 2 GG, vorbehaltlos geschützt ist, geht daher an der Sache vorbei. A.A. auch *Manssen*, Privatrechtsgestaltung, S. 134.

[284] Begründet wird die sehr extensive Interpretation des zweiten Halbsatzes von Art. 2 Abs. 1 GG – eher pragmatisch, denn methodologisch zwingend – mit der Weite des Schutzbereichs (Kehrseitentheorie); vgl. repräsentativ *Wilfried Berg*, Staatsrecht, 2. Aufl. (1997), Rn. 624; *Lerche*, Übermaß und Verfassungsrecht, S. 299.

[285] BVerfGE 6, 32 (37 f.), st. Rspr.; BVerfGE 54, 143 (144); 59, 275 (278); 63, 88 (109). Freiheit ist in der Konsequenz „Freiheit von gesetzwidrigem Zwange"; so bereits *Georg Jellinek*, System der subjektiven öffentlichen Rechte, 1963 (2. unveränd. Nachdruck der 2. Aufl. von 1919), S. 103. Krit. wegen dieses weiten Verständnisses der „verfassungsmäßigen Ordnung", das zu einem „Leerlaufen" und zur „Substanzlosigkeit" des Art. 2 Abs. 1 GG führe, *Ehmke*, VVDStRL 20 (1963), S. 53 (83 f.); *Eberhard Grabitz*, Freiheit und Verfassungsrecht, 1976, S. 118 ff., 248; *Grimm*, Sondervotum, BVerfGE 80, 164 (167 f.); *E.R. Huber*, Wirtschaftsverwaltungsrecht, S. 662 ff.; *Lerche*, Übermaß und Verfassungsrecht, S. 297 ff.; *Peters*, Recht, S. 49 f.; *W. Schmidt*, AöR 91 (1966), S. 42 (47 ff.). Diese Kritik ist nicht berechtigt; ebenso *Reiner Schmidt*, Das Bankgeheimnis im Spannungsfeld zwischen privatem und öffentlichem Recht, WiR 1972, S. 127 (137 f.). Zum einen überträgt sie eine für die Grundrechte der Weimarer Reichsverfassung geprägte Formel auf die Situation unter dem Grundgesetz, ohne die strukturellen Änderungen (Art. 1 Abs. 3, Art. 19 Abs. 2, Art. 79 Abs. 3 GG) hinreichend zu würdigen (siehe *Dürig*, in: Maunz/ders., Art. 2 Abs. 1 Rn. 28 m. Anm. 1), zum anderen betont auch das BVerfG in st. Rspr., dass Art. 2 Abs. 1 GG einen „unantastbaren Bereich privater Lebensgestaltung" schützt, der dem Gesetzgeber a limine entzogen ist (BVerfGE 6, 32 [41], st. Rspr.; zuletzt etwa BVerfGE 96, 10 [21]), und dass der Anspruch des Bürgers, durch die Staatsgewalt nicht mit einem verfassungswidrigen Nachteil belastet zu werden, neben(!) dem Recht auf allgemeine Handlungsfreiheit besteht (vgl. BVerfGE 38, 312 [319 f.]); überzeugende Gegenkritik daher bei *Alexy*, Theorie der Grundrechte, S. 313 ff., 346 ff.; *Schmitt Glaeser*, HStR VI, § 129 Rn. 21 ff.; *Scholz*, AöR 100 (1975), S. 80 (91, 101 f., 111 f., und passim).

reich privater Lebensgestaltung, in den einzudringen der öffentlichen Gewalt schlechthin verwehrt ist[286]. Andere Grundrechte, wie etwa Art. 5 Abs. 1 GG oder Art. 13 Abs. 3 – 5 und Abs. 6 GG, weisen einen qualifizierten Gesetzesvorbehalt auf oder sind sogar, wie etwa die Religionsfreiheit oder das Grundrecht der Ehe und Familie[287], vorbehaltlos geschützt. Hinzu kommt noch der Aspekt zum Teil spezifischer Schranken-Schranken (z.B. Art. 5 Abs. 1 S. 3, Art. 19 Abs. 1 GG, Institutsgarantie des Art. 14 Abs. 1 GG).

Die Folge hiervon ist, dass, wie *Detlef Merten* bemerkt hat, „ein voreiliger Rückgriff auf die lex generalis die Gefahr einer Verkürzung des Grundrechtsschutzes"[288] in sich birgt, da die engeren Einschränkungsmöglichkeiten, aber auch die „gegenüber dem allgemeinen Freiheitsrecht zusätzlichen Festsetzungen in Regelform"[289] auf der Schutzbereichsebene[290] höhere bzw. zusätzliche Hindernisse für eine Grundrechtseinschränkung aufrichten, die über den fast uferlos weiten, nur an das Übermaßverbot rückgebundenen, allgemeinen Rechtsvorbehalt des Art. 2 Abs. 1 GG als des „schwächsten" Grundrechts[291] hinausgehen. Gerade diese Gefahr einer *Nivellierung* erhellt die keineswegs nur akademische, sondern auch erhebliche praktische Relevanz einer stringenten und klaren methodischen Verhältnisbestimmung von Art. 2 Abs. 1 GG und den besonderen Freiheitsgrundrechten[292]. Sie bezieht sich primär bzw. unmittelbar auf die *vom Verfassunggeber statuierte Vielfalt schrankendivergenter Grundrechte* und *richterrechtlich herausgebildeten Schranken(-Schranken)differenzierungen*[293], sekundär bzw. mittelbar

---

286 BVerfGE 6, 32 (41), st. Rspr.; vgl. BVerfGE 6, 389 (433); 27, 1 (6); 27, 344 (350 f.); 32, 373 (378 f.); 34, 205 (208 f.); 34, 238 (245); 35, 35 (39); 38, 312 (320); 54, 143 (146).

287 Für die Religions- und Weltanschauungsfreiheit (Art. 4 Abs. 1, 2 GG) ist dies unbestritten. Im Falle von Art. 6 Abs. 1 GG sind nur definierende Regelungen von Ehe und Familie zulässig. Im Übrigen können auch hier, wie nicht zuletzt der Umkehrschluss aus Art. 6 Abs. 2 S. 2 GG belegt, Eingriffe in die Bereiche Ehe und Familie ihre Legitimation nur in kollidierendem Verfassungsrecht finden; vgl. BVerfGE 24, 119 (135); 31, 58 (69); *Pieroth/Schlink*, Grundrechte, Rn. 652 f.

288 *Merten*, JuS 1976, S. 345 (347).

289 *Alexy*, Theorie der Grundrechte, S. 341.

290 In der Terminologie *F. Müllers*, Die Positivität der Grundrechte, S. 56, handelt es sich um zusätzliche sachliche Restriktionen oder Extensionen des Normprogramms.

291 Dazu, dass der Rückgriff auf Art. 2 Abs. 1 GG für den Bürger tendenziell stets einen schwächeren Grundrechtsschutz impliziert als er bei Heranziehung der spezifischen Garantien möglich wäre, auch *Badura*, Staatsrecht, C Rn. 81; a.A. *Schwabe*, Probleme der Grundrechtsdogmatik, S. 312 ff. (314) m.w.Nachw. auf den Meinungsstand.

292 Wie hier *Berg*, Konkurrenzen, S. 5, 30 ff., 83, 92, 97 und passim, in Auseinandersetzung mit den, jede Schrankensystematik im Grundgesetz ablehnenden, Gegenansichten, insbes. von *Häberle* und *v. Hippel* (aaO., S. 10 ff.); *Erichsen*, HStR VI, § 152 Rn. 29, 62; *Hutzelmann*, Bedeutung, S. 20 ff., und passim; *Rohrer*, Beziehungen, S. 20 ff.; *Stern*, Staatsrecht III/2, S. 1367 f.; relativierend (unter Hinweis auf die egalisierende Wirkung des Verhältnismäßigkeitsgrundsatzes) *H. Dreier*, in: ders., Grundgesetz, Vorb. Rn. 97.

293 Zu erwähnen sind bei Art. 12 Abs. 1 GG beispielsweise das Merkmal der „berufsregelnden Tendenz" und die Kriterien der Drei-Stufen-Theorie (insbesondere hinsicht-

aber auch auf die dahinter stehenden Wertungen. Wer über eine einengende Auslegung der Spezialfreiheitsrechte in verstärktem Maße das Tor für Art. 2 Abs. 1 GG öffnet, „setzt sich zumindest dem Verdacht aus, durch Umgehung konkreter Bewertungsmaßstäbe die Meßbarkeit und Überprüfbarkeit der Rechtsfindung mindern zu wollen“[294].

Demgegenüber vermag es nicht zu überzeugen, wenn die Schrankendivergenz von einem stark ergebnisorientierten Teil der Literatur als ohne praktische Bedeutung hingestellt und auf die egalisierenden Faktoren eines weiten Beurteilungsspielraums des Gesetzgebers, einer extensiven Annahme verfassungsimmanenter Schranken und vor allem des Verhältnismäßigkeitsgrundsatzes als des großen „Gleich- und Weichmachers der Verfassungsmaßstäbe“[295] verwiesen wird (*Kongruenztheorie*)[296]. Bei den angeführten Gesichtspunkten, insbesondere der – faktisch nicht zu bestreitenden – Angleichung der Maßstäbe für hoheitliche Grundrechtseingriffe, handelt es sich um – allerdings nicht zwangsläufige – (partielle) Fehlentwicklungen der Dogmatik, insbesondere der Rechtsprechung des BVerfG, welche korrekturbedürftig und -fähig sind. So ist „bei der Ermittlung von sonstigen Verfassungswerten, die als Grundlage verfassungsimmanenter Schranken herangezogen werden können, gewissenhafter zu prüfen, ob es sich tatsächlich um eine wertsetzende Entscheidung des Verfassunggebers handelt – die bloße Erwähnung im Grundgesetz genügt nicht“[297]. Die Tatsache, dass die Praxis an diesen Desideraten mitunter vorbeizielt, vermag an dem vom Verfassunggeber selbst entwickelten abgestuften System jedoch nichts zu ändern. Selbiges gilt für den Verhältnismäßigkeitsgrundsatz. Dieser verleiht keinen Legitimationstitel, die spezifischen Vorgaben für die Beschränkung eines bestimmten Freiheitsrechts, welche der Grundgesetztext macht, nicht zu befolgen[298]. Die speziellen Schranken(-Schranken) haben angesichts einer verhältnismäßigkeitszentrierten Prüfung des BVerfG „zwar viel an Bedeutung verloren, behalten aber doch sachliche Relevanz“[299].

---

lich objektiver Berufswahlregelungen); a.A. *Schwabe*, Probleme der Grundrechtsdogmatik, S. 316 f.

[294] *v. Arnauld*, Freiheitsrechte, S. 82.

[295] *Fritz Ossenbühl*, Diskussionsbeitrag, in: VVDStRL 39 (1981), S. 189; krit. gegen das Abwägungsmodell daher *Bernhard Schlink*, Abwägung im Verfassungsrecht, 1976, S. 47, 199 ff.

[296] Dafür *Manssen*, Privatrechtsgestaltung, S. 134; *Schwabe*, Probleme der Grundrechtsdogmatik, S. 306 ff., 445 f.; tendenziell wohl auch *Ziekow*, Freizügigkeit, S. 424.

[297] *v. Arnauld*, Freiheitsrechte, S. 134; vgl. auch aaO., S. 140.

[298] Wie hier *v. Arnauld*, Freiheitsrechte, S. 257 f.; *Rudolf Wendt*, Der Garantiegehalt der Grundrechte und das Übermaßverbot, in: AöR 104 (1979), S. 414 (424 ff.).

[299] *Michael Sachs*, Die Gesetzesvorbehalte der Grundrechte des Grundgesetzes, JuS 1995, S. 693 (696).

2. *Pragmatismus versus Hermeneutik*

Methodologisch verbindet sich mit der Schutzergänzungsfunktion ein zusätzliches Risikopotential. Es droht eine Verkümmerung der klassischen Hermeneutik zugunsten eines pragmatisch-ergebnisorientierten Vorgehens[300]. Konkret bedeutet dies den Verzicht auf einen gründlichen und präzisen Auslegungs- und Subsumtionsprozess lege artis und den vorschnellen Rekurs auf das ja in jedem Fall gegebene Allheilgrundrecht des Art. 2 Abs. 1 GG. Diese Kritik richtet sich auch gegen die Spruchpraxis des BVerfG: Das höchste deutsche Gericht schenkt, wie bereits *Scholz* bemängelt hat, „der tatbestandlich-thematischen Konkretisierung des Art. 2 Abs. 1 GG leider häufig zu wenig Beachtung" und „greift oft nur allzu schnell auf die angebliche Gewährleistungsgeneralität des Art. 2 Abs. 1 GG zurück"[301].

Eine solche mit Recht kritisierte Praxis gedeiht besonders gut auf dem Boden der mitunter vertretenen Meinung, Art. 2 Abs. 1 GG sei das „Muttergrundrecht"[302], aus dessen Schoß heraus alle anderen Freiheitsrechte gleichsam als Abkömmlinge, technisch formuliert als Konkretisierungen, ihr Leben empfingen[303]. Diese Qualifikation von Art. 2 Abs. 1 GG und die kehrseitige Degradierung der Spezialfreiheitsrechte zu bloßen Derivatrechten verleiten nachgerade zu dogmatischen Fehlschlüssen sowie zu einer Flucht in die Generalklausel[304]. Methodologisch ist die Lehre vom Muttergrundrecht schon deshalb verfehlt, weil sie auf der Prämisse eines *lückenlos-geschlossenen* Grundrechtssystems in der Tradition des *Dürig*schen Anspruchs- und Wertesystems aufruht[305]. Die Grundrechte formieren aber

---

300 Eine bevorzugt pragmatische Vorgehensweise zur Lösung von Grundrechtskonkurrenzen diagnostiziert in der BVerfG-Rechtsprechung auch *Stern*, Staatsrecht III/2, S. 1385. Die Feststellung *Sterns* (aaO.), das Gericht sorge durch Sachverhaltszergliederung häufig dafür, dass Konkurrenzsituationen erst gar nicht entstehen, trifft auch auf das Verhältnis von Art. 2 Abs. 1 GG zu den Spezialfreiheitsrechten zu.

301 *Scholz*, AöR 100 (1975), S. 80 (111).

302 Zum Begriff BGHZ 24, 72 (76, 78).

303 So aber *Bethge*, ErgLdR, 5/340, S. 3; *Nipperdey/Wiese*, GrR IV/2, S. 741 (759 f.); *Peters*, Recht, S. 10 in Anm. 12; *K.F. Röhl*, Allgemeine Rechtslehre, S. 616; ähnlich, aber nicht problematisch *Dürig*, in: Maunz/ders., Grundgesetz, Art. 2 Abs. 1 Rn. 6 („Hauptfreiheitsrecht"). Ablehnend zur Charakterisierung des Art. 2 Abs. 1 GG als „Muttergrundrecht" *Burgi*, ZG 9 (1994), S. 341 (357); *E. Hesse*, Bindung, S. 51 f.; *F. Müller*, Juristische Methodik, Rn. 62; *v. Münch*, in: ders., Grundgesetz-Kommentar, Bd. 1, 3. Aufl., Art. 2 Rn. 77; *Ulrich Scheuner*, Die Funktion der Grundrechte im Sozialstaat, DÖV 1971, S. 505 ff., zit. nach ders., Staatstheorie und Staatsrecht, Gesammelte Schriften, 1978, S. 737 (744 ff.); *Scholz*, AöR 100 (1975), S. 80 (114); *Starck*, in: v. Mangoldt/Klein/ders., Das Bonner GG, Art. 2 Abs. 1 Rn. 7; widersprüchlich *Friedrich Klein*, in: v. Mangoldt/ders., Das Bonner GG, Art. 2 Anm. III 5 b.

304 Vgl. *Erichsen*, HStR VI, § 152 Rn. 27; *Merten*, JuS 1976, S. 345 (347).

305 Grundlegend das Drei-Stufen-Modell von *Dürig*, in: Maunz/ders., Grundgesetz, Art. 1 Abs. 1 Rn. 6 ff., Art. 2 Rn. 6, Art. 3 Abs. 1 Rn. 248 ff. (254); a.A. *Bethge*, ErgLdR, 5/340, S. 1 f.; *Starck*, in: v. Mangoldt/Klein/ders., Das Bonner GG, Art. 2 Abs. 1 Rn. 7, so-

kein geschlossen-deduktives System, was nicht bedeutet, dass sie ein bloßes „Konglomerat von Zufälligkeiten"[306] darstellen[307]. Sie fügen sich vielmehr zu einem *offen-dynamischen* System zusammen[308], das sich im Spannungsfeld von Einheit und Vielfalt bewegt[309] und das mit einem rein topischen Denken[310] nicht hinreichend erfasst werden kann[311]. An diesem Nebeneinander von zwar nicht völlig separierten, aber sachlich eigenständigen Freiheitsgarantien geht die These vom Muttergrundrecht vorbei.

---

wie, allerdings über das Ziel hinausschießend *Ehmke*, VVDStRL 20 (1963), S. 53 ff.; *Scheuner*, VVDStRL 22 (1965), S. 1 (40 ff.); *ders.*, Staatstheorie und Staatsrecht, S. 737 (746 ff.); scharf gegen jedes Wertesystem, aber nicht überzeugend *Ernst Forsthoff*, Die Umbildung des Verfassungsgesetzes, in: FG Schmitt, 1959, S. 35 ff., zit. nach ders., Rechtsstaat im Wandel, 2. Aufl. (1976), S. 130 ff.; zur Metakritik vgl. nur *Larenz/Canaris*, Methodenlehre der Rechtswissenschaft, S. 180 ff.; *F. Müller*, Juristische Methodik, Rn. 89 ff. m. Anm. 154.

[306] Zutreffend *Rohlf*, Privatsphäre, S. 133; vgl. auch *Berg*, Konkurrenzen, S. 82 ff.

[307] Pointiert *Schnapp*, JuS 1978, S. 729 (729 Fn. 5): „Man mag Zweifel haben, ob das Grundgesetz eine konsistente Schrankensystematik aufgerichtet hat, die unter praktischen Gesichtspunkten durchweg befriedigt. Jedenfalls bildet der Gesetzeswortlaut eine Schranke, jenseits derer eine rationale Diskussion kaum mehr möglich erscheint."

[308] *Alexy*, Theorie der Grundrechte, S. 338 ff.; *Scholz*, AöR 100 (1975), S. 80 (122); *Stern*, HStR V, § 109, insbes. Rn. 28 ff., 36 ff.; *ders.*, Staatsrecht III/2, S. 1747 ff. A.A. *K. Hesse*, Grundzüge, Rn. 300 ff.; *Merten*, HStR VI, § 144 Rn. 63; *F. Müller*, Juristische Methodik, Rn. 66; *Starck*, in: v. Mangoldt/Klein/ders., Das Bonner GG, Art. 2 Abs. 1 Rn. 7, die den Systemgedanken zur Gänze verwerfen.

[309] *Badura*, Staatsrecht, C Rn. 110; *Lerche*, HStR V, § 121 Rn. 18.

[310] Zu dieser sowie zu den konkurrierenden Hauptmethoden der Verfassungsinterpretation lehrrreich *Ernst-Wolfgang Böckenförde*, Die Methoden der Verfassungsinterpretation – Bestandsaufnahme und Kritik, in: ders., Staat, Verfassung, Demokratie, 1991, S. 53 ff. (61 ff.); *Stern*, Staatsrecht III/2, S. 1633 ff.

[311] Grundlegend zur Notwendigkeit der reziproken Ergänzung und Synthese von topischer und systematisch-deduktiver Methodik *Claus-Wilhelm Canaris*, Systemdenken und Systembegriff in der Jurisprudenz, 2. Aufl. (1983), insbes. S. 149 ff.; *Josef Esser*, Grundsatz und Norm in der richterlichen Fortbildung des Privatrechts, 2. Aufl. (1964), S. 45 ff., 193 ff., 238 ff., 307 ff.

VI. Die Bindung der Schutzergänzungsfunktion an klare Voraussetzungen

Um den soeben skizzierten Gefahren entgegenzuwirken, stellt die weitere Konkretisierung und Ausdifferenzierung der Voraussetzungen für ein Eingreifen der Schutzergänzungsfunktion ein dringendes Desiderat dar. Hierfür bedarf es zunächst *positiver*, möglichst präziser und bestimmter Definitions- und Abgrenzungskriterien. Erste Bausteine hierfür mögen die obigen Bemühungen um eine Begriffsbestimmung und um eine Funktionstypologie liefern[312]. Zu vage und zu wenig konturiert erscheinen dagegen Formeln wie die von *Scholz*, wonach eine Supplementärfunktion von Art. 2 Abs. 1 GG bereits dann eingreift, „wenn das Gericht thematisch zu einem Spezialrecht tendierende Freiheiten (noch) nicht in dessen Tatbestand aufnehmen, diese aber dennoch – in Verbindung mit diesem Spezialrecht – grundrechtlich schützen will“[313]. Mit solchen weiten Umschreibungen der Anwendungsvoraussetzungen kann der Tendenz zur inflationären Arrondierung spezieller Freiheitsrechte unter Berufung auf den supplementären Art. 2 Abs. 1 GG nicht ausreichend entgegengewirkt werden.

Negativ gilt es zu akzentuieren, dass ein bloßes „Dazu-Zitieren“ von Art. 2 Abs. 1 GG, sei es aus Pragmatismus, sei es aus Gründen der Grundrechtsaffirmation von vornherein auszuscheiden hat. Das Anführen von Art. 2 Abs. 1 GG ohne erkennbaren sachlichen Grund, das unbegründete Nebeneinanderstellen von Spezial- und Generalfreiheitsrecht ohne jede Verhältnisbestimmung sind unzulässig. Stets bedarf es einer sachlichen oder personalen Schutzlücke[314]. Die Heranziehung von Art. 2 Abs. 1 GG muss unabweisbar sein, um dem Rechtsschutzziel des Bürgers in angemessener Weise zu genügen[315]. Das sachlich nicht indizierte „Daneben-Zitat“ von Art. 2 Abs. 1 GG ist nicht nur überflüssiges Verfassungsdekor und führt zur Grundrechtsüberladung, es erweckt zudem den, wenn auch unzutreffenden, Eindruck der Unsicherheit oder dogmatischen Hemdsärmeligkeit.

---

[312] Siehe oben III.

[313] *Scholz*, AöR 100 (1975), S. 80 (119).

[314] Dazu allg. aus methodologischer Sicht statt vieler *Lutz Treder*, Methoden und Technik der Rechtsanwendung, 1998, S. 90 ff.

[315] *Ziekow*, Freizügigkeit, S. 421 f.

Es wird der falsche Anschein erweckt, „als ob hierdurch die Treffmöglichkeit erhöht werden soll"[316]. Und dabei besteht doch, wie *Peter Tettinger* bemerkt hat, bereits im Rahmen von Anfängerübungen im Staatsrecht eine gewisse Skepsis des Prüfers, „wenn in einem Text steht ‚in Verbindung mit'"[317]. Auch die Rechtsprechung sollte die Maxime „nicht viel, sondern exakt zitieren", strikt beherzigen. Andernfalls gerät Art. 2 Abs. 1 GG tatsächlich in Gefahr, als Passepartout der Grundrechtsprüfung überstrapaziert zu werden.

[316] *Merten*, JuS 1976, S. 345 (348).

[317] *Tettinger*, VVDStRL 57 (1998), S. 104 (106). Die Anwendung einer im Wege der Spezialität verdrängten Norm stellt dogmatisch betrachtet – entgegen *Manssen*, Privatrechtsgestaltung, S. 134 – eine „Fehlerquelle" dar, auch wenn sie sich vom praktischen Ergebnis her betrachtet regelmäßig nicht auswirkt. Andernfalls könnte man jede Arbeit an Konkurrenzlehren sofort einstellen.

VII. Die Abhängigkeit der Schutzergänzungsfunktion von der Auslegung der Einzelfreiheitsrechte

Die Supplementarität des Art. 2 Abs. 1 GG steht hinsichtlich ihrer Reichweite in einem untrennbaren Interdependenzverhältnis nicht nur zu einer fehlenden oder ungenauen, sondern auch zu einer inhaltlich nicht selten zu engen Auslegung der Spezialfreiheitsrechte. Hier könnte eine vorsichtige Kurskorrektur dadurch bewirkt werden, dass dem *Effektivitätsgrundsatz*[318] wieder mehr Beachtung geschenkt wird. Danach ist – im Lichte der Ausstrahlungswirkung der objektiven Wertentscheidung des Art. 2 Abs. 1 GG – derjenigen Auslegung der Vorzug zu geben, die, um die berühmte, wenn auch auf einen anderen historischen Kontext gemünzte Wendung von *Richard Thoma* zu zitieren, „die juristische Wirkungskraft der betreffenden Norm am stärksten entfaltet"[319]. Würde sich das BVerfG, nur in der Tendenz, nicht aber in der Radikalität etwa dem EuGH folgend, stärker von einer dynamisch-offenen und weniger von einer subjektiv-historischen und damit notwendigerweise eher starren Auslegung[320] leiten lassen[321], so

---

[318] Hierfür auch BVerfGE 6, 55 (72); 32, 54 (71); 39, 1 (38); 43, 154 (167); 51, 97 (110); *Bleckmann/Wiethoff*, DÖV 1991, S. 722 (729); *Dürig*, in: Maunz/ders., Grundgesetz, Art. 2 Abs. 1 Rn. 5 (abgeleitet aus Art. 1 Abs. 3 GG); *Friedrich Klein*, in: v. Mangoldt/ders., Das Bonner GG, Vorbem. B XIV 3; *Peter Häberle*, Praktische Grundrechtseffektivität, Die Verwaltung 22 (1989), S. 409 ff.; *Ziekow*, Freizügigkeit, S. 433 f.; sowie, allerdings deutlich relativierend, *Starck*, HStR VII, § 164 Rn. 35; *Stern*, Staatsrecht III/2, S. 1741; ablehnend *Ehmke*, VVDStRL 20 (1963), S. 53 (87 f.); *F. Müller*, Juristische Methodik, Rn. 394 m. Anm. 587; *Peter Lerche*, Stil, Methode, Ansicht, DVBl. 1961, S. 690 (698); *Klaus Stern*, Das Staatsrecht der Bundesrepublik Deutschland, Bd. I, 2. Aufl. (1984), S. 134; zweifelnd *Scheuner*, Staatstheorie und Staatsrecht, S. 737 (743).

[319] *Richard Thoma*, Die juristische Bedeutung der grundrechtlichen Sätze der Deutschen Reichsverfassung im Allgemeinen, in: Hans Carl Nipperdey (Hrsg.), Grundrechte und Grundpflichten der Reichsverfassung, Bd I (1929), S. 1 (9). Erhellend zur historischen Entwicklung *Sachs*, in: Stern, Staatsrecht III/2, S. 63 f. m. Fn. 214.

[320] Zur – im Widerspruch zum eigenen Bekenntnis für einen Vorrang der objektiven Auslegungsmethode (vgl. BVerfGE 1, 299 [312]; 11, 126 [130], st. Rspr.) stehenden – Präponderanz der (subjektiv-)historischen Auslegung in der Auslegungspraxis des BVerfG zutreffend *Ossenbühl*, DÖV 1965, S. 649 (653); *Bernd Rüthers*, Rechtstheorie, 1999, Rn. 800; *Michael Sachs*, Die Entstehungsgeschichte des Grundgesetzes als Mittel der Verfassungsauslegung in der Rechtsprechung des Bundesverfassungsgerichts, DVBl. 1984, S. 73 (76 ff.).

[321] Gleiche Einschätzung bei *Erichsen*, HStR VI, § 152 Rn. 28; *Merten*, JuS 1976, S. 345 (348).

erwiese sich ein erheblicher Teil der bisherigen Schutzergänzungsfälle, wie noch im Einzelnen dargelegt werden soll[322], als in der Sache *entbehrlich*[323]. Dabei kann für die Zwecke der vorliegenden Abhandlung dahingestellt bleiben, ob der Effektivitätsgrundsatz als Unteraspekt einer objektiv-teleologischen Auslegung zu begreifen ist[324] oder aber bereits den Übergang in den Bereich der richterlichen Rechtsfortbildung markiert[325].

Der Effektivitätsgrundsatz ist zwar von seiner Stoßrichtung her tendenziell vergleichbar, aber dennoch zu scheiden[326] von dem Prinzip *„in dubio pro libertate"*[327], das heute überwiegend und mit Recht skeptisch bis ablehnend aufgenommen wird[328]. Vor dem Hintergrund der Nicht-Existenz eines geschlossen-lückenlosen Grundrechtssystems mit einem „Quellgrundrecht" Art. 2 Abs. 1 GG erscheint eine *generelle*[329] juristische Auslegungs-

---

[322] Siehe unten VIII. An dieser Stelle möge ein Beispiel genügen: Wesentliche Teile der Vertragsfreiheit könnten, da sie in Ausübung eines Berufs (Art. 12 Abs. 1 GG), zur Verwirklichung der Eigentumsfreiheit (Art. 14 Abs. 1 GG), der Vereinigungsfreiheit (Art. 9 Abs. 1 GG) oder der Ehe und Familie (Art. 6 Abs. 1 GG) erfolgen, durch die Spezialfreiheitsrechte abgedeckt werden. Nur für die Vertragsteile, die keinen Bezug zu den genannten speziellen Lebensbereichen aufweisen, die aber mit diesen in einem untrennbaren Sachzusammenhang stehen, ist supplementierend auf Art. 2 Abs. 1 GG zurückzugreifen; vgl. *Dürig*, in: Maunz/ders., Grundgesetz, Art. 2 Abs. 1 Rn. 53; *Merten*, JuS 1976, S. 345 (348); *Papier*, HVerfR, § 18 Rn. 76 a.E.; a.A. *Manssen*, Privatrechtsgestaltung, S. 135.

[323] Insofern zeigt sich kein anderes Bild, als bei der *Auffangfunktion* des Art. 2 Abs. 1 GG (dazu oben III. 2. a). Auch dort wird Art. 2 Abs. 1 GG vielfach ohne Not bemüht.

[324] In diesem Sinne die h.L.; vgl. *Larenz*, Methodenlehre der Rechtswissenschaft, S. 333 ff.; *Starck*, HStR VII, § 164 Rn. 16 f., 21; für die Auslegung des Verfassungsrechts stellv. *Stern*, Staatsrecht I, S. 123 ff. (126 f.).

[325] So auf der Basis eines engen Verständnisses der Auslegungskanones (nur Wortlaut, Systematik und Entstehungsgeschichte) sehr deutlich *F. Müller*, Juristische Methodik, Rn. 364; *Rüthers*, Rechtstheorie, Rn. 796 ff. (insbes. 813 f., 820 f.).

[326] Verkürzend daher die Gleichsetzung z.B. bei *Ehmke*, VVDStRL 20 (1963), S. 53 (88).

[327] Vgl. BVerwGE 1, 303 (306); *Dürig*, in: Maunz/ders., Grundgesetz, Art. 2 Abs. 1 Rn. 72; *ders.*, Der Grundrechtssatz der Menschenwürde, AöR 81 (1956), S. 117 (123); *Peter Schneider*, In dubio pro libertate, in: FS Deutscher Juristentag, 1960, S. 263 ff.; *ders.*, Prinzipien der Verfassungsinterpretation, VVDStRL 20 (1963), S. 1 (31 ff.); vgl. auch positiv *Berg*, Konkurrenzen, S. 45 ff., 80 f., 97 und passim; *Heiner Blaesing*, Grundrechtskollisionen, Diss. iur., Bochum 1974, S. 24; *Bleckmann*, Staatsrecht II, § 14 Rn. 12, 24; *Lepa*, DVBl. 1972, S. 161 (165); *Nipperdey/Wiese*, GrR IV/2, S. 741 (760); *Wintrich*, Zur Problematik der Grundrechte, S. 31; tendenziell ähnlich die Formel von der „Vermutung für die Freiheit" in BVerfGE 6, 32 (42); 17, 306 (313 f.); 32, 54 (72); *Enders*, Menschenwürde, S. 76 f.

[328] Ablehnend *Ehmke*, VVDStRL 20 (1963), S. 53 (86 ff.); *Herzog*, in: Maunz/Dürig, Grundgesetz, Art. 5 I, II Rn. 37; *Hillgruber*, Schutz, S. 115 in Anm. 32; *Martin Kriele*, in: Josef Isensee/Paul Kirchhof (Hrsg.), Handbuch des Staatsrechts der Bundesrepublik Deutschland, Bd. V, 1992, § 110 Rn. 2; *Herbert Krüger*, Allgemeine Staatslehre, 2. Aufl. (1966), S. 538; *Lerche*, DVBl. 1961, S. 690 (698); *Ossenbühl*, DÖV 1965, S. 649 (658); *Sachs*, in: Stern, Staatsrecht III/2, S. 66; *Scheuner*, VVDStRL 22 (1965), S. 1 (37 f.); *Scholz*, AöR 100 (1975), S. 80 (97); *Stern*, Staatsrecht I, S. 133 f.; Zusammenfassung der Kritik bei *v. Arnauld*, Freiheitsrechte, S. 272 ff.

[329] Dies ändert nichts an der Nachweisbarkeit eines Vorrangs der Freiheit für einzelne

maxime „in dubio pro libertate" als zirkelhafte Leerformel, welche komplexe, im Grundgesetz angelegte Spannungsverhältnisse zwischen Individuum und Gesellschaft[330] einseitig im Sinne einer individualistischen Ausgangsvermutung auflöst. Der Verfassungstext bildet hierfür ebenso wenig eine ausreichende Grundlage wie für eine potentielle Gegenlehre („in dubio pro communitate").

Der Effektivitätsgrundsatz besagt, dass die Grundrechte im Zweifel *weit* auszulegen sind[331], um deren juristische und praktische Wirksamkeit, deren Funktionsfähigkeit zu gewährleisten. Hierbei geht es auch darum, dem *„Kriterium der spezifischen grundrechtlichen Gefährdungslage"* zu entsprechen, „d.h. der Frage, was in der sozialen Wirklichkeit ein Freiheitsrecht charakterisiert, welche Gefahren einem Freiheitsinteresse üblicherweise drohen können und welche typischen Kollisionslagen sich ergeben. Bei der Auslegung wird man dabei auch aus der Gestaltung der Schranken wie auch besonderer Schranken-Schranken Rückschlüsse auf das richtige Verständnis der grundrechtlichen Gestattungsaussage ziehen können."[332] Der Effekti-

---

konkrete Teilbereiche (ebenso *Ossenbühl*, DÖV 1965, S. 649 [658]; *Sachs*, in: Stern, Staatsrecht III/2, S. 64 m. Fn. 221), etwa für den Bereich der wirtschaftlichen Betätigung; zum vorrangigen Freiheitsprinzip dort BVerfGE 25, 1 (23); 50, 290 (366); *Reiner Schmidt*, in: Josef Isensee/Paul Kirchhof (Hrsg.), Handbuch des Staatsrechts der Bundesrepublik Deutschland, Bd. III, 1988, § 83 Rn. 25. Ein weiteres Beispiel liefert der Vorrang der freien (öffentlichen) Rede; vgl. BVerfGE 7, 198 (208, 212); 13, 97 (105).

330 Wie sie insbesondere im Spannungsverhältnis von Rechtsstaat und Sozialstaat angelegt sind und in der Formel von der Gemeinschaftsbezogenheit und -gebundenheit des Einzelnen (siehe oben Fn. 4) ihren Niederschlag gefunden haben.

331 Gleichsinnig *Alexy*, Theorie der Grundrechte, S. 290 ff. („weite Tatbestandstheorie"); *Höfling*, Jura 1994, S. 169 (170 f.); *ders.*, Offene Grundrechtsinterpretation, S. 175 ff.; *Morlok*, Selbstverständnis als Rechtskriterium, S. 401; *Sachs*, in: Stern, Staatsrecht III/2, S. 63 ff.; *Starck*, HStR VII, § 164 Rn. 38; *Ziekow*, Freizügigkeit, S. 429 ff.; in der Sache auch *v. Arnauld*, Freiheitsrechte, S. 82 f., der im „Interesse einer optimalen Freiheitsentfaltung" für eine stärkere Ausschöpfung der Möglichkeiten spezialgrundrechtlicher Zuordnung plädiert, den Begriff der „Effektivität" aber nicht verwenden möchte (aaO., S. 282 Fn. 33); vgl. aber auch *ders.*, aaO., S. 100, 108, 222, mit der – unter Bezugnahme auf *Alexy*, Theorie der Grundrechte, S. 100 f., erfolgenden – Ableitung eines „Gebots größtmöglicher Effizienz des Grundrechtsschutzes" aus dem Prinzipiencharakter der Grundrechte. Der Begriff „Effizienz", der für eine Kosten-Nutzen-Relation steht, erscheint hier verfehlt. Es geht vielmehr um „Effektivität", d.h. größtmögliche Zielerreichung.

332 Zutreffend *v. Arnauld*, Freiheitsrechte, S. 84 ff. (85); vgl. auch aaO., S. 87 unten: „Allein eine tendenziell weite Auslegung grundrechtlicher Schutzbereiche im Rahmen von deren Sinn, Zweck und struktureller Ausrichtung und unter Verzicht auf verdeckte Abwägungen im Wege ungeschriebener immanenter Begrenzungen vermag demnach, in rechtsstaatlich verantwortungsvoller Weise der bewußt gestalteten Systematik von Schutzbereich und Schranken der Freiheitsrechte im Grundgesetz zu entsprechen und so deren Zuschnitt auf bestimmte grundrechtsspezifische Gefährdungslagen mit Leben zu erfüllen." Die Berücksichtigungsfähigkeit der Schranken(-Schranken)ausgestaltung auf der Schutzbereichsebene und zur Lösung von Konkurrenzproblemen ist äußerst kontrovers; wie hier bejahend *Lerche*, HStR V, § 121 Rn. 22 f.; *Sachs,* in: Stern, Staatsrecht III/2, S. 61; verneinend *Morlok*, Selbstverständnis als Rechtskriterium, S. 423; *Starck*, HStR VII,

vitätsgrundsatz impliziert ferner ganz zentral die Möglichkeit von „interpretativen Verfeinerungen und sonstige(n) Fortbildungen – als Reaktion auf die Einflüsse der Zeit“[333], kurzum die Möglichkeit eines stillen *Grundrechtswandels* als Unterfall des stillen Verfassungswandels[334], als einer Konsequenz der vielfältigen Interaktionen zwischen Verfassung und Verfassungswirklichkeit[335] sowie als eines Ausflusses des Spannungsverhältnisses von historisch-sozialer Bedingtheit einerseits und Offenheit gegenüber empirischen Entwicklungen[336] andererseits. In Extremfällen mag der Grundrechtswandel bis in die Nähe der „Umformung einzelner grundrechtlicher Gehalte gelangen“[337]. Neuartige, in ihrer Bedeutung oder Tragweite bis dato noch nicht erkannte oder anders eingeschätzte reale Phänomene und Prozesse wachsen dann gleichsam sukzessiv in den Geltungsbereich der speziellen Grundrechte hinein. Letztere erweisen sich als flexibel und anpassungsfähig genug, einen Großteil der durch die Rechtswirklichkeit produzierten Schutzbedarfe in sich aufzunehmen[338].

---

§ 164 Rn. 36 f.; *Ziekow*, Freizügigkeit, S. 435 f. (der darin einen – nicht einleuchtenden – Widerspruch zum Effektivitätsgrundsatz sieht).

333 *Lerche*, HStR V, § 121 Rn. 6.

334 Dazu *Wilfried Fiedler*, Sozialer Wandel, Verfassungswandel, Rechtsprechung, 1972; *Konrad Hesse*, Grenzen der Verfassungswandlung, in: FS Scheuner, 1973, S. 123 ff.; *Peter Lerche*, Stiller Verfassungswandel als aktuelles Politikum, in: FG Maunz, 1971, S. 285 ff.; *Ernst-Wolfgang Böckenförde*, Anmerkungen zum Begriff Verfassungswandel, in: FS Lerche, 1993, S. 3 ff.; grundlegend *Brun-Otto Bryde*, Verfassungsentwicklung, Stabilität und Dynamik im Verfassungsrecht der Bundesrepublik Deutschland, 1982, insbes. S. 254 ff.; zusammenfassend *Badura*, HStR VII, § 160 Rn. 13 ff.; *F. Müller*, Juristische Methodik, Rn. 33 m. Anm. 37; zum größeren Kontext *Peter Häberle*, Verfassungslehre als Kulturwissenschaft, 2. Aufl. (1998), S. 93 ff.; *ders.*, Zeit und Verfassung, ZfP 21 (1974), S. 111 ff., zit. nach ders., Verfassung als öffentlicher Prozeß, 2. Aufl. (1996), S. 59 ff.

335 Grundlegend *Konrad Hesse*, Die normative Kraft der Verfassung, 1959.

336 Zur Notwendigkeit der permanenten Fortentwicklung des Grundrechtsschutzes instruktiv *Konrad Hesse*, in: Ernst Benda/Werner Maihofer/Hans-Jochen Vogel (Hrsg.), Handbuch des Verfassungsrechts der Bundesrepublik Deutschland, 2. Aufl. (1994), § 5 Rn. 24 ff.

337 *Lerche*, HStR V, § 121 Rn. 6; vgl. auch aaO., Rn. 17 und Rn. 30, mit der Feststellung, „daß einige Grundrechte, weit über ihren Textgehalt hinaus, tatbestandlich erweiternde Interpretationen erfahren haben, um zusätzlichen Schutzbedürfnissen gerecht zu werden“.

338 Gleichsinnig *Bethge*, VVDStRL 57 (1998), S. 7 (21).

VIII. Kritische Rekonstruktion der Rechtsprechung des BVerfG

1. *Die Rechtsprechung zum Privatsphärenschutz*

a) Die dogmatische Einordnung des allgemeinen Persönlichkeitsrechts

Die Rechtsprechung des BVerfG trägt der Qualität des allgemeinen Persönlichkeitsrechts als *lex generalis* zu den verschiedenen Einzelpersönlichkeitsrechten[339] nicht immer hinreichend Rechnung. Die Rechtsfigur des allgemeinen Persönlichkeitsrechts füllt, wie schon das Adjektiv „allgemein" indiziert und wie sich systematisch aus der dogmatischen Ableitung allein aus Art. 2 Abs. 1 GG[340] ergibt, lediglich Lücken im Persönlichkeitsschutz, die trotz der Anerkennung spezieller Persönlichkeitsrechte verbleiben und die sich insbesondere durch neuartige Gefährdungslagen ergeben[341]. Nur mit dieser klaren Einschränkung erscheint es überhaupt akzeptabel, das allgemeine Persönlichkeitsrecht und andere Spezialgewährleistungen im Rahmen von Art. 2 Abs. 1 GG als „‚unbenannte' Freiheitsrechte"[342] („Innominatfreiheitsrechte")[343] zu qualifizieren. Diese ergänzen als Generalklauseln en miniature die speziellen („benannten") Freiheitsrechte[344] und „schützen Elemente der Persönlichkeit, die nicht Gegenstand besonderer Freiheitsgarantien sind, aber diesen in ihrer kon-

---

339 Vgl. *Kunig*, in: v. Münch/ders., Grundgesetz-Kommentar, Art. 2 Rn. 32; *Murswiek*, in: Sachs, Grundgesetz, Art. 2 Rn. 137; *Rohlf*, Privatsphäre, S. 194 f., 236 ff.; a.A. *Alexy*, Theorie der Grundrechte, S. 352; *H. Dreier*, in: ders., Grundgesetz, Art. 2 I Rn. 67.

340 Exakt *Alexy*, Theorie der Grundrechte, S. 335: „Die unbenannten Freiheitsrechte sind damit nicht etwas gegenüber dem allgemeinen Freiheitsrecht (...) qualitativ Verschiedenes, sie sind vielmehr (...) qualifizierte Formen desselben."

341 Vgl. BVerfGE 34, 269 (281); 54, 148 (152 f.); 72, 155 (170); 79, 256 (268); BVerfG, 1 BvR 653/96 v. 15.12.1999, Absatz-Nr. 68.

342 BVerfGE 54, 148 (153), st. Rspr.; vgl. auch BVerfGE 79, 256 (268); 95, 220 (241); anstoßend *W. Schmidt*, AöR 91 (1966), S. 42 (73 ff.); Begriff von *J.-G. Schätzler*, Bundesverfassungsgericht und verfassungsmäßige Ordnung, NJW 1957, S. 818 (819).

343 Vgl. *Nipperdey/Wiese*, GrR IV/2, S. 741 (761); *Herbert Wehrhahn*, Systematische Vorfragen einer Auslegung des Art. 2 Abs. 1 des Grundgesetzes, AöR 82 (1957), S. 250 (253). Von *H. Dreier*, in: ders., Grundgesetz, Art. 2 I Rn. 23, umschrieben als „Teilgehalte mit tatbestandlich klarer Struktur", die sich aus der schier unbegrenzten Vielfalt der durch Art. 2 I GG geschützten Tätigkeiten „herauskristallisiert" haben.

344 Dieses Ergänzungsverhältnis zutreffend betonend BVerfGE 54, 148 (153); 72, 155

stituierenden Bedeutung für die Persönlichkeit nicht nachstehen"[345]. Gleiches gilt für die Teilausprägungen des allgemeinen Persönlichkeitsrechts, insbesondere das „Recht" auf Schutz der Privatsphäre, sofern man hierin überhaupt eine Spezialisierung[346] und nicht nur eine andere Umschreibung des allgemeinen Persönlichkeitsrechts[347] sehen möchte[348], oder das „Recht" auf informationelle Selbstbestimmung. Hierbei handelt es sich nicht um separate, eigenständige Grundrechte, sondern lediglich um konkretisierende Schutzgüter des allgemeinen Persönlichkeitsrechts[349]. Prüfungsmaßstab bleibt allein das allgemeine Persönlichkeitsrecht, konkret der Art. 2 Abs. 1 GG[350]. Auch die Einzelausprägungen des allgemeinen Persönlichkeitsrechts sind leges generales gegenüber den speziellen Freiheitsrechten der Art. 2 Abs. 2 und Art. 4 ff. GG[351].

Als vorrangige spezielle Persönlichkeitsrechte sind zu nennen: Art. 4 Abs. 1 GG i.V.m. Abs. 2 GG, Art. 5 Abs. 1 S. 1 1. Hs. GG, Art. 6 Abs. 1 GG, Art. 8 Abs. 1 GG, Art. 9 Abs. 1 GG, Art. 10 Abs. 1 GG, Art. 13 GG[352]. Deren Funktion, als „punktuelle Verdichtungen"[353] spezifische, traditionell besonders bedrohte Persönlichkeitssegmente zu schützen, und deren hierin begründete Spezialität gegenüber Art. 2 Abs. 1 GG wird *in abstracto* auch vom

(170); 79, 256 (268); 95, 220 (241); vgl. auch *Schmitt Glaeser*, HStR VI, § 129 Rn. 9; a.A. *Sachs*, in: Stern, Staatsrecht III/1, S. 646.

345 BVerfGE 54, 148 (153); 99, 185 (193); BVerfG, 1 BvR 653/96 v. 15.12.1999, Absatz-Nr. 68.

346 So die h.L.; vgl. stellv. *Murswiek*, in: Sachs, Grundgesetz, Art. 2 Rn. 65, 68 ff.

347 So wohl *Schmitt Glaeser*, HStR VI, § 129 Rn. 9.

348 Zu Recht stellt *Manssen*, Privatrechtsgestaltung, S. 187, fest: „Die systematische Bedeutung unbenannter Freiheitsrechte ist bisher eher wenig erforscht worden, der Stand der Diskussion daher oft unbefriedigend." *Manssen* selbst (aaO., S. 191 f.) nennt drei Voraussetzungen für die Annahme eines unbenannten Freiheitsrechts: (1) Eine mit den anderen Grundrechten vergleichbare Wertigkeit der geschützten Handlungs- oder Zustandsposition, (2) eine besondere Gefährdungslage und (3) eine Spezifizierung der Begrenzung staatlicher Eingriffsbefugnisse, insbesondere des Übermaßverbots. Weiter die Voraussetzungen bei *Alexy*, Theorie der Grundrechte, S. 332 f.

349 Vgl. BVerfGE 54, 148 (153 f.); BVerfG, 1 BvR 653/96 v. 15.12.1999, Absatz-Nr. 69, 71, 75.

350 Vgl. *Starck*, in: v. Mangoldt/Klein/ders., Das Bonner GG, Art. 2 Abs. 1 Rn. 160.

351 In diesem Sinne auch BVerfGE 51, 97 (105); *Georg Hermes*, in: Horst Dreier (Hrsg.), Grundgesetz, Bd. I, 1996, Art. 10 Rn. 82; Art. 13 Rn. 31, 57; *Rohlf*, Privatsphäre, S. 236 ff.; *Schmitt Glaeser*, HStR VI, § 129 Rn. 9, 81, und passim; a.A. *Jarass*, in: ders./Pieroth, Grundgesetz, Art. 2 Rn. 28 f.; *Murswiek*, in: Sachs, Grundgesetz, Art. 2 Rn. 64; *Schendzielorz*, Umfang, S. 140.

352 Vgl. *Erichsen*, HStR VI, § 152 Rn. 29; *Maunz/Zippelius*, Deutsches Staatsrecht, S. 175; *Starck*, in: v. Mangoldt/Klein/ders., Das Bonner GG, Art. 2 Abs. 1 Rn. 60, 63, 66, 68 ff.; *Sachs*, in: Stern, Staatsrecht III/1, S. 649 f.; ausführlich und hervorhebenswert *Rohlf*, Privatsphäre, S. 135 ff. (Fazit S. 190 f.). Enger *Jarass*, in: ders./Pieroth, Grundgesetz, Art. 2 Rn. 29; Art. 10 Rn. 2; Art. 13 Rn. 1; *Schmitt Glaeser*, HStR VI, § 129 Rn. 41; *ders.*, AöR 113 (1988), S. 52 (61), die nur die Art. 10 und 13 GG (*Schmitt Glaeser* auch noch den Art. 4 GG) als leges speciales zum allgemeinen Persönlichkeitsrecht einstufen.

353 Begriff von *Schmitt Glaeser*, HStR VI, § 129 Rn. 25, 29; vgl. auch *Giacometti*, ZSchwR 74 (1955), S. 149 (164).

BVerfG anerkannt[354]. *In concreto* nimmt das Gericht das Spezialitätsverhältnis aber nicht immer zur Genüge ernst und billigt den unbenannten Freiheitsrechten, unterstützt von der herrschenden Lehre[355], zumindest im Ergebnis vielfach den Rang von Spezialfreiheitsrechten zu oder geht von Idealkonkurrenz zu anderen Freiheitsgrundrechten aus.

Dieses Konzept des allgemeinen Persönlichkeitsrechts leidet indes an erheblichen „rechtsdogmatischen und praktischen Schwächen“[356]. Richtigerweise sind die unbenannten Freiheitsrechte nur im Innenverhältnis zu Art. 2 Abs. 1 GG als spezielle Grundrechte anzusehen[357]. Nur *insoweit* stehen sie wertungsmäßig auf einer Stufe mit den sonstigen speziellen Freiheitsrechten. In der Relation zu Art. 2 Abs. 2 und Art. 4 ff. GG partizipieren sie jedoch an der grundsätzlichen Generalität des Art. 2 Abs. 1 GG, von dem sie ihren dogmatischen Ausgang nehmen und von dem sie nicht abgelöst werden können. Demgegenüber werden im Schrifttum die Innominatfreiheiten in Anbetracht ihrer spezifischen tatbestandlichen Konturierung und schutzbereichsbezogenen, richterrechtlichen Ausdifferenzierung vielfach als „selbständige“ Grundrechte tituliert[358].

Dem ist nur insoweit zuzustimmen, als es sich hierbei um eine deskriptiv-heuristische, klassifikatorische Kategorie ohne rechtsdogmatische Folgen handelt. Bedenken begegnet die Bezeichnung als „selbständiges“ Grundrecht dagegen dort, wo sie eine juristische Emanzipation bzw. Abnabelung des allgemeinen Persönlichkeitsrechts von seiner Wurzel und die Qualifikation als eines zweiten, neben der allgemeinen Handlungsfreiheit positionierten Grundrechts insinuiert[359]. Eine solche Betrachtungsweise

---

354 Für Art. 4 Abs. 1 und Abs. 2 GG: BVerfGE 54, 148 (153); 79, 256 (268); für Art. 5 Abs. 1 GG: BVerfGE 54, 148 (153); 79, 256 (268); für Art. 6 Abs. 1 GG: BVerfGE 76, 1 (71); 80, 81 (95); für Art. 8 Abs. 1 GG: BVerfGE 92, 191 (196); für Art. 10 Abs. 1 GG: BVerfGE 33, 1 (11); 67, 157 (171); verfehlt BVerfG, NJW 1992, S. 815 f.; für Art. 13 Abs. 1 GG: BVerfGE 32, 54 (68 ff.); 42, 212 (218 ff.); 51, 97 (105); 97, 228 (265). Zum Ganzen auch die Nachw. oben in Fn. 9; ausf. Nachw. auf die ältere Rspr. bei *Scholz*, AöR 100 (1975), S. 80 (113 in Anm. 178).

355 Für die Möglichkeit der Spezialität der unbenannten Freiheitsrechte gegenüber den benannten Freiheitsgarantien *H. Dreier*, in: ders., Grundgesetz, Art. 2 I Rn. 67; *Kunig*, in: v. Münch/ders., Grundgesetz-Kommentar, Art. 2 Rn. 91; *Manssen*, Privatrechtsgestaltung, S. 191; *Murswiek*, in: Sachs, Grundgesetz, Art. 2 Rn. 138; *Scholz*, AöR 100 (1975), S. 80 (115 ff., 122); *Starck*, in: v. Mangoldt/Klein/ders., Das Bonner GG, Art. 2 Abs. 1 Rn. 17, 47, 65 (anders aber aaO., Rn. 160: „Schutz der Privatsphäre läßt sich verfassungsrechtlich aus Art. 2 Abs. 1 ableiten, soweit keine speziellen Grundrechte in Betracht kommen.“); wohl auch *Stern*, Staatsrecht III/2, S. 1401.

356 Dies räumt auch *Starck*, in: v. Mangoldt/Klein/ders., Das Bonner GG, Art. 2 Abs. 1 Rn. 65, ein.

357 *Jarass*, in: ders./Pieroth, Grundgesetz, Art. 2 Rn. 29; *Murswiek*, in: Sachs, Grundgesetz, Art. 2 Rn. 64.

358 Vgl. *H. Dreier*, in: ders., Grundgesetz, Art. 2 I Rn. 23; *Schmitt Glaeser*, HStR VI, § 129 Rn. 17.

359 So m.E. nicht überzeugend die h.M.; vgl. *v. Arnauld*, ZUM 1996, S. 286 (287 ff., 292); *H. Dreier*, in: ders., Grundgesetz, Art. 2 I Rn. 8, näher entfaltet aaO., Rn. 15 ff.; *Jarass*,

verkennt, dass der Sitz der Innominatfreiheitsrechte allein der Art. 2 Abs. 1 GG bleibt. Es handelt sich nicht um zwei verschiedene Grundrechte, sondern um zwei Ausprägungen, zwei Seiten ein und desselben Grundrechts, nämlich des Rechts auf freie Entfaltung der Persönlichkeit, einmal stärker in seiner aktiv-offensiven, das andere Mal stärker in seiner passiv-defensiven Komponente[360]. Würden alle Innominatfreiheitsrechte (und warum sollte dies auf das allgemeine Persönlichkeitsrecht beschränkt bleiben?)[361] als idealkonkurrierende und (potentiell) spezielle Normen eingestuft, so führte dies in Anbetracht der Vielzahl an Innominatfreiheiten[362] zur Perversion des vom Verfassunggeber intendierten methodischen Konkurrenzverhältnisses zwischen Art. 2 Abs. 1 GG und den nachfolgenden Freiheitsrechten. Schließlich ist eine strikte Radizierung des allgemeinen Persönlichkeitsrechts und seiner Teilausprägungen in Art. 2 Abs. 1 GG auch deshalb angezeigt, weil das BVerfG mit der Kreation der unbenannten Freiheitsrechte im Wege richterlicher Rechtsfortbildung sich ohnehin auf einem schmalen Grad des verfassungsrechtlich (Art. 20 Abs. 2 GG) Zulässigen[363] bewegt. Wenn man dem Gericht schon die Befugnis zur Erfindung neuer Grundrechte wie dem Recht auf informationelle Selbstbestimmung zusprechen möchte, dann kann sich diese Schöpfungshandlung, soll die Grenze zum ultra-vires-Akt nicht überschritten werden, nur auf der textlichen Basis des Grundgesetzes und damit unter eindeutiger dogmatischer Anbindung an ein prüfungsleitendes Grundrecht, hier an den Art. 2 Abs. 1 GG vollziehen[364]. Daran vermag auch der rechtsvergleichende Blick auf andere Verfassungen oder internationale Menschenrechtspakte (Art. 12 AEMR, Art. 8 EMRK)[365], in denen das allgemeine Persönlichkeitsrecht zu einem eigenen Grundrecht verselbständigt ist, nichts ändern. Insofern wäre der verfassungsändernde Gesetzgeber gefordert.

Vor diesem Hintergrund ist es nur konsequent und auch in der Sache überzeugend, mit *Jörn Ipsen* noch einen Schritt weiter zu gehen und die

---

in: ders./Pieroth, Grundgesetz, Art. 2 Rn. 1, 28 f.; *Kunig*, in: v. Münch/ders., Grundgesetz-Kommentar, Art. 2 Rn. 30 („systematische Trennung von Verschiedenem").

360 Insofern wie hier *E. Stein*, Staatsrecht, S. 249; vgl. auch *Gerhard Leibholz/Hans-Justus Rinck/Dieter Hesselberg*, Grundgesetz für die Bundesrepublik Deutschland (Stand: Nov. 1998), Art. 2 Rn. 26.

361 Zumindest das Recht auf wirtschaftliche Betätigungsfreiheit stellt ein – dem allgemeinen Persönlichkeitsrecht durchaus vergleichbares – Recht „mit vielen und entwicklungsoffenen Teilgehalten" (so das Kriterium bei *H. Dreier*, in: ders., Grundgesetz, Art. 2 I Rn. 8) dar.

362 Vgl. die beispielhafte Aufzählung bei *H. Dreier*, in: ders., Grundgesetz, Art. 2 I Rn. 23.

363 Statt aller *F. Müller*, Juristische Methodik, Rn. 105 ff. m.w.Nachw.

364 Vgl. zum Problem auch *J. Ipsen*, Staatsrecht II, Rn. 297 f.; *Tettinger*, VVDStRL 57 (1998), S. 104 (106); ferner *Rohlf*, Privatsphäre, S. 133 f., der statt einer Rechtsfortbildung im Rahmen von Art. 2 Abs. 1 i.V.m. Art. 1 Abs. 1 GG die Bildung einer Gesamtanalogie zu den speziellen Privatsphärenschutzrechten der Art. 4 ff. GG vorschlägt.

365 Vgl. *Jarass*, in: ders./Pieroth, Grundgesetz, Art. 2 Rn. 28.

Berechtigung der Kategorie „unbenannte Freiheitsrechte" bzw. „Innominatfreiheitsrechte" als solche in Zweifel zu ziehen. *Ipsen* bringt es auf den Punkt: „Es handelt sich gerade nicht um einzelne Freiheitsrechte, sondern um Anwendungsfälle der allgemeinen Handlungsfreiheit, die all jene Freiheitsbetätigungen umfaßt, die nicht bereits Schutzgüter spezieller Grundrechte sind. Die Herausbildung von Kategorien kann nur dazu dienen, der unübersehbaren Kasuistik Herr zu werden. Art. 2 Abs. 1 bildet dagegen keine Quelle stets neu entstehender, verselbständigter Freiheitsrechte."[366]

b) Die Briefkontroll-Entscheidungen

Eine bedenkliche Vernachlässigung der Spezialität der konkreten Persönlichkeitsrechte zeigt sich pars pro toto mit besonderer Deutlichkeit anhand der oben geschilderten Briefkontroll-Entscheidungen des BVerfG[367], in denen das Gericht entweder zur Schutzergänzung (1., 2., 4. und 5. Briefkontrollentscheidung) oder sogar als primärer Prüfungsmaßstab auf Art. 2 Abs. 1 GG (i.V.m. Art. 1 Abs. 1 GG) zurückgegriffen hat, ohne mit der wünschenswerten Sorgfalt zu untersuchen, ob es eines Rekurses auf Art. 2 Abs. 1 GG insofern überhaupt bedurft hätte, als sich eine Reihe von Spezialfreiheitsrechten zur Bewältigung der genannten Fallkonstellationen geradezu aufgedrängt hätten.

An erster Stelle ist *Art. 5 Abs. 1 S. 1 1. Hs. GG* zu erwähnen. Das Anhalten und Nichtweiterleiten eines Briefes bedeutet für den Absender einen Eingriff in die Meinungsäußerungsfreiheit[368]. Die Meinungsfreiheit schützt auch das Ankommen der Äußerung beim Adressaten, welches durch das Anhalten von Briefen unmöglich gemacht oder erschwert wird[369]. Das BVerfG hat dies in seiner dritten Briefkontroll-Entscheidung anders gesehen und sich hierfür auf die primäre Aufgabe des Art. 5 Abs. 1 S. 1 1. Hs. GG zum Schutz der Meinungsäußerung in der Öffentlichkeit[370] und auf den engen funktionalen Bezug zum Demokratieprinzip berufen[371]. Anders stellt sich die Rechtslage jedoch dar, wenn man davon ausgeht, dass Art. 5 Abs. 1 S. 1 1. Hs. GG *jede* Form der Meinungskundgabe schützt, egal ob diese öffentliche oder private Angelegenheiten betrifft. Zwar kommt der Mei-

---

366 *J. Ipsen*, Staatsrecht II, Rn. 728.

367 Siehe oben II.

368 Für eine Anwendung von Art. 5 Abs. 1 S. 1 1. Hs. GG in den Briefkontroll-Fällen auch *Christoph Degenhart*, in: Rudolf Dolzer (Hrsg.), Kommentar zum Bonner Grundgesetz, Art. 5 Abs. 1 und 2 (1999) Rn. 286 f.; *Pieroth*, AöR 115 (1990), S. 33 (38); *Schmitt Glaeser*, AöR 113 (1988), S. 52 (65).

369 Stellv. *Jarass*, in: ders./Pieroth, Grundgesetz, Art. 5 Rn. 6, 9.

370 Mit dieser Tendenz BVerfGE 7, 198 (212); 54, 208 (219); in die gleiche Richtung argumentieren auch *Hirsch*, Sondervotum, BVerfGE 57, 182 (192); *Schendzielorz*, Umfang, S. 141 f. m. Anm. 30.

371 BVerfGE 7, 198 (208, „für die freiheitliche Demokratie schlechthin konstituierend"), st. Rspr.

nungsäußerung zum Zwecke der politischen Willensbildung aufgrund des Demokratieprinzips eine, im Rahmen der Abwägung mit den kollidierenden Belangen zu berücksichtigende, gesteigerte Wertigkeit zu[372], hieraus kann aber nicht der Schluss gezogen werden, dass die Kommunikationsfreiheit von vornherein auf öffentliche Angelegenheiten verkürzt werden dürfe[373]. Im Gegenteil: Die Kommunikationsgrundrechte bleiben „durch ihren personalen Grundzug im Ausgangspunkt Gewährleistungen, die bestimmte Erscheinungsformen der freien Entfaltung der Persönlichkeit schützen"[374]. Ebenso erscheint es verfehlt, wenn das BVerfG in Art. 5 Abs. 1 S. 1 1. Hs. GG nur den Aspekt der Einwirkung auf die Meinungsbildung Dritter geschützt sieht[375] und die Meinungsäußerungsfreiheit damit in eine Frontstellung zum Recht der Persönlichkeitsentfaltung bringt, die nicht besteht. Bei der Meinungsfreiheit geht es auch und ganz wesentlich um den Aspekt der individuellen Selbstentfaltung des Kundgebenden, welcher in der Stellungnahme und dem Dafürhalten, also in der subjektiven Beziehung des Einzelnen zum Inhalt seiner Aussage[376], liegt. Dies hat das BVerfG erst kürzlich wieder richtig herausgestellt, wenn es ausführt: „Äußerungen erschöpfen sich nicht in der Mitteilung eines bestimmten Kommunikationsinhalts. Sie sind zugleich Ausdruck der Persönlichkeit des sich Äußernden."[377] Für die Frage des richtigen Prüfungsmaßstabs folgt hieraus: Werden Briefe des Strafgefangenen angehalten, so stellt dies für den Empfänger einen Eingriff in Art. 2 Abs. 1 GG dar, da Art. 5 Abs. 1 S. 1 2. Hs. GG (Informationsfreiheit) den Empfang von privaten, nicht allgemein zugänglichen Briefen nicht schützt[378] und auch die Meinungsfreiheit nur die

[372] Nur das kann herausgelesen werden aus BVerfGE 7, 198 (212).

[373] Wie hier *Starck*, in: v. Mangoldt/Klein/ders., Das Bonner GG, Art. 2 Abs. 1 Rn. 49, 64, mit berechtigter Kritik an BVerfGE 27, 71 (81), wo Art. 5 Abs. 1 S. 1 GG nur auf das demokratische Prinzip bezogen und die individualrechtliche Komponente allein über Art. 2 Abs. 1 GG gelöst wird. Für einen Schutz der privat-individuellen Entfaltung durch Art. 5 GG wie hier *Herzog*, in: Maunz/Dürig, Grundgesetz, Art. 5 I, II Rn. 2 ff., 55e, 84; *Jarass*, in: ders./Pieroth, Grundgesetz, Art. 5 Rn. 4; *Helmuth Schulze-Fielitz*, in: Horst Dreier (Hrsg.), Grundgesetz, Bd. I, 1996, Art. 5 I, II Rn. 28; *Edzard Schmidt-Jortzig*, in: Josef Isensee/Paul Kirchhof (Hrsg.), Handbuch des Staatsrechts der Bundesrepublik Deutschland, Bd. VI, 1989, § 141 Rn. 4 f. Von der „Gewährleistung freier individueller und öffentlicher Meinungsbildung" als Zweck der Kommunikationsgrundrechte spricht BVerfGE 57, 295 (319 f.); 73, 118 (152).

[374] *Badura*, Staatsrecht, C Rn. 103; vgl. auch *Roemer*, FS DJT, Bd. I, S. 545 (548); *Rudolf Wendt*, in: Michael Sachs (Hrsg.), Grundgesetz, 2. Aufl. (1999), Art. 5 Rn. 15 ff. (19 f.), 22 f.

[375] So BVerfGE 90, 255 (260).

[376] Vgl. BVerfGE 7, 198 (210); 33, 1 (14); 90, 246 (247).

[377] BVerfGE 97, 391 (400); vgl. bereits BVerfGE 7, 198 (208), wonach die freie Meinungsäußerung „unmittelbarster Ausdruck der menschlichen Persönlichkeit in der Gesellschaft" ist.

[378] BVerfGE 18, 310 (315); 34, 369 (378); 34, 384 (400); 35, 311 (315), alle in der Konsequenz anhand von Art. 2 Abs. 1 GG prüfend; *Schulze-Fielitz*, in: H. Dreier, Grundgesetz, Art. 5 I, II Rn. 60.

Äußerung, nicht aber den Empfang von Meinungen erfasst[379]. Für den Absender bedeutet der gleiche Hoheitsakt einen Eingriff in Art. 5 Abs. 1 S. 1 1. Hs. GG.

Spielt sich der Briefverkehr zwischen Ehepartnern oder Familienangehörigen ab, so ist an *Art. 6 Abs. 1 GG* zu denken. Art. 6 Abs. 1 GG umfasst gleichfalls ein den Art. 2 Abs. 1 GG verdrängendes spezielles Persönlichkeitsrecht[380], welches die eheliche und die familiäre Privatsphäre unmittelbar[381] zum Gegenstand hat. Oder mit dem BVerfG gesprochen: Art. 6 Abs. 1 GG ist nicht nur eine Institutsgarantie, es handelt sich bei dieser Vorschrift auch und in erster Linie „um eine Bestimmung im Sinne der klassischen Grundrechte, die angesichts der Erfahrungen in der Zeit der nationalsozialistischen Herrschaft dem Schutz der spezifischen Privatsphäre von Ehe und Familie vor äußerem Zwang durch den Staat dienen soll"[382].

Die von *Bernd Schendzielorz*[383] für eine Verdrängung von Art. 6 Abs. 1 GG in den genannten Fällen ins Feld geführte Begründung, die Ehe sei hier nur „mittelbar" betroffen, verfängt nicht. Die eheliche Privatsphäre rechnet zum Kernbereich der Ehe. Auch das Argument, schon der Wortlaut von Art. 6 Abs. 1 GG mache deutlich, dass diese Norm „nicht speziell" die Privatsphäre schütze, erscheint nicht zwingend. Aus der bloßen Tatsache, dass der Verfassungstext knapp, allgemein und abstrakt im Stile einer Blankettvorschrift gehalten ist, gerade um der Norm eine gewisse Elastizität im Hinblick auf sich verändernde reale Anforderungen zu sichern, können solch weitgehende Konsequenzen nicht abgeleitet werden. Die Fassung von Art. 6 Abs. 1 GG entspricht – im Gegenteil – dem generellen Duktus des Grundgesetzes als einer Rahmenordnung und stellt kein Spezifikum dar[384]. Es bleibt damit festzuhalten: Gerade Ehe und Familie „entsprechen

---

379 Ganz h.M.; vgl. nur BVerfGE 27, 71 (81); *Jarass*, in: ders./Pieroth, Grundgesetz, Art. 5 Rn. 8.

380 *Merten*, JuS 1976, S. 345 (349); *Karaus*, Privatsphäre, S. 24 f.; *Starck*, in: v. Mangoldt/Klein/ders., Das Bonner GG, Art. 2 Abs. 1 Rn. 101; nicht ganz klar *Rolf Gröschner*, in: Horst Dreier (Hrsg.), Grundgesetz, Bd. I, 1996, Art. 6 Rn. 124.

381 Siehe *Christoph Gusy*, Der Grundrechtsschutz von Ehe und Familie, JA 1986, S. 183 (183).

382 BVerfGE 6, 55 (71); vgl. auch aaO., S. 81. Ferner instruktiv BVerfGE 57, 170 (178 unten): „Die Familie gewährt den von öffentlicher Kontrolle freien Raum für eine entlastende Selbstdarstellung; sie trägt auch zur Erhaltung der Fähigkeit zu gesellschaftlicher Integration der Person bei. Die Gemeinschaft von Eltern und Kindern erfüllt insofern eine ähnliche Aufgabe wie die eheliche Lebensgemeinschaft." Ergänzend sei verwiesen auf BVerfGE 21, 329 (353); 31, 58 (67); 76, 1 (49); 90, 255 (260 f.).

383 *Schendzielorz*, Umfang, S. 139 ff., insbes. S. 141 f.

384 Dazu, dass alle Grundrechte „ihrer Wortfassung und Sprachgestaltung nach Lapidarformeln und Grundsatzbestimmungen" sind, „die aus sich selbst inhaltlicher Eindeutigkeit weithin entbehren", *Böckenförde*, in: ders., Staat, Verfassung, Demokratie, S. 115 (115). Konsequenz der mangelnden Ergiebigkeit des Wortlauts ist lediglich, dass den anderen Auslegungsmethoden eine entsprechend gesteigerte Bedeutung zukommt.

der auf Dialog angelegten geistigen Natur des Menschen"[385], indem sie einen „Raum für persönliche (...) Selbstdarstellung"[386] abschirmen und dadurch einen ausgeprägten Bezug zum Persönlichkeitskern des Einzelnen aufweisen[387]. Die Familie als die viel zitierte „Keimzelle" eines jeden Gemeinwesens bewahrt derart ihre impermeablen oder allenfalls semipermeablen „Zellwände"[388]. Sie sichert mit geradezu klassischer negatorischer Zielrichtung ein privates Refugium, einen „geschlossenen, eigenständigen Lebensbereich"[389] gegen staatliche Infiltration[390]. *Heinhard Steiger* hat in seinem Münchener Staatsrechtslehrerreferat des Jahres 1986 die – im Gegensatz zu Art. 119 Abs. 1 WRV zu sehende – „rechtliche Dominanz des subjektiven Elements der Verfassungsgarantie" der Ehe treffend herausgestellt und ausgeführt: „Sie (scil.: die Ehe; der Verf.) ist aus dem Bereich des ‚Gemeinschaftslebens' in die Nähe der subjektiven Freiheitsrechte, vor allem Art. 2 und 4, gerückt. Das zweite ursprüngliche Garantieelement, die Institutgarantie, wurde auf eine rechtlich formelle Ummantelung der Freiheiten reduziert und inhaltlich entleert."[391] Der grundrechtliche Schutz der Ehe als eines „hervorragenden Ort(es) subjektiver Autonomie und Privatheit"[392] greift auch dann ein, wenn sich Ehepartner oder engere Familienmitglieder im Strafvollzug befinden[393]. Dies hat zur grundrechtsdogmatischen Konsequenz, dass in den Fällen der Briefkontrolle Art. 5 Abs. 1 S. 1 1. Hs. i.V.m. Art. 6 Abs. 1 GG einschlägig ist[394].

Wird der Brief eines Strafgefangenen nicht nur angehalten, sondern von staatlichen Organen auch inhaltlich geprüft, ist zudem das in *Art. 10 Abs. 1 GG* geschützte Briefgeheimnis angesprochen. Art. 10 Abs. 1 GG „gewähr-

---

[385] BVerfGE 76, 1 (51).

[386] *Luhmann*, Grundrechte als Institution, S. 103 ff. (104), der im Anschluss an *Talcott Parsons* der Familie die Funktionen der „socialization" und des „tension management" zuweist.

[387] Zu den Wesensmerkmalen Privatheit und Autonomie, welche die Ehe und die Familie kennzeichnen, *Helmut Lecheler*, in: Josef Isensee/Paul Kirchhof (Hrsg.), Handbuch des Staatsrechts der Bundesrepublik Deutschland, Bd. VI, 1989, § 133 Rn. 42; zum Aspekt der „inneren Lebensgestaltung" *Gerhard Robbers*, in: Hermann von Mangoldt/Friedrich Klein/Christian Starck (Hrsg.), Das Bonner Grundgesetz, 4. Aufl., Bd. 1 (1999), Art. 6 Abs. 1 Rn. 75; vgl. auch *Gröschner*, in: H. Dreier, Grundgesetz, Art. 6 Rn. 5; *Gusy*, JA 1986, S. 183 ff.; *Theodor Maunz*, in: ders./Günter Dürig, Grundgesetz, Art. 6 (1980) Rn. 6.

[388] *Schmid*, Familie, S. 415.

[389] BVerfGE 24, 119 (135).

[390] *Isensee*, HStR V, § 111 Rn. 10 f.; *Thilo Ramm*, Der Funktionswandel der Ehe und das Recht, JZ 1975, S. 505 (513); *Schmidt-Bleibtreu/Klein*, Kommentar zum Grundgesetz, Art. 2 Rn. 1, 1b.

[391] *Heinhard Steiger*, Verfassungsgarantie und sozialer Wandel. Das Beispiel von Ehe und Familie, VVDStRL 45 (1987), S. 55 (65); näher entfaltet aaO., S. 66 ff.

[392] *Steiger*, VVDStRL 45 (1987), S. 55 (68).

[393] So richtig BVerfGE 89, 315 (322).

[394] Wie hier *Starck*, in: v. Mangoldt/Klein/ders., Das Bonner GG, Art. 2 Abs. 1 Rn. 65. Für eine Lösung über Art. 6 Abs. 1 GG auch *Merten*, JuS 1976, S. 345 (349); *Rohlf*, Privatsphäre, S. 171 ff.; *Scholz*, AöR 100 (1975), S. 80 (116 unten).

leistet die freie Entfaltung der Persönlichkeit durch einen privaten, vor den Augen der Öffentlichkeit verborgenen Austausch von Nachrichten, Gedanken und Meinungen (Informationen) und wahrt damit die Würde des denkenden und freiheitlich handelnden Menschen“[395]. Insofern ist auch diese Bestimmung lex specialis gegenüber Art. 2 Abs. 1 GG einschließlich des allgemeinen Persönlichkeitsrechts[396]. Das Briefgeheimnis schützt nicht nur den Briefinhalt, sondern auch den gesamten brieflichen Verkehr zwischen den Eheleuten und den Familienmitgliedern gegen eine Kenntnisnahme der öffentlichen Gewalt von dem Inhalt des Briefes[397]. Nach einer sehr weitgehenden Ansicht kann auch schon die Beschlagnahme (Sicherstellung) als solche einen Eingriff in Art. 10 Abs. 1 GG darstellen, wenn durch die amtliche Verwahrung der Brief allen Personen (potentiell) zugänglich wird, die mit dem Fall befasst sind und die die Akten einsehen können[398]. Soweit Art. 10 Abs. 1 GG (i.V.m. Art. 6 Abs. 1 GG) tangiert ist, verdrängt er Art. 5 Abs. 1 S. 1 1. Hs. GG (i.V.m. Art. 6 Abs. 1 GG) aufgrund von Spezialität[399]. Das Unterbinden, sprich das bloße Verhindern von Kommunikation fällt aber nicht unter den Schutz des Briefgeheimnisses, sondern wird allein durch die Meinungsäußerungsfreiheit abgedeckt[400].

2. *Sonstige unberechtigte Schutzergänzungsfälle*

Die Verfassungsmäßigkeit der *Anordnung des Einsatzes einer Trennscheibe* zwischen einem Gefangenen und dessen Ehepartner bemisst sich meines Erachtens allein nach Art. 6 Abs. 1 GG, nicht nach Art. 2 Abs. 1 und Art. 6 Abs. 1 GG, wie das BVerfG meint[401]. Auch das *Selbstbestimmungsrecht der Ehegatten in ihren finanziellen Beziehungen* untereinander, etwa Vereinbarungen über vermögensrechtliche Ansprüche der Ehegatten für den Fall der Scheidung, fallen nicht unter Art. 2 Abs. 1 i.V.m. Art. 6 Abs. 1 GG[402], son-

---

395 BVerfGE 67, 157 (171), unter Bezugnahme auf *Dürig*, in: Maunz/ders., Grundgesetz, Art. 10 (1973) Rn. 1; vgl. auch BVerfGE 85, 386 (395 f.).

396 Ganz h.M.; vgl. nur *Christoph Gusy*, in: Hermann von Mangoldt/Friedrich Klein/Christian Starck (Hrsg.), Das Bonner Grundgesetz, 4. Aufl., Bd. 1 (1999), Art. 10 Rn. 103; *Hermes*, in: H. Dreier, Grundgesetz, Art. 10 Rn. 16, 82; *Gunnar Folke Schuppert*, in: Alternativkommentar-Grundgesetz, 2. Aufl. (1989), Bd. 1, Art. 10 Rn. 13 ff.

397 BVerfGE 33, 1 (11); 67, 157 (171); *Badura*, Staatsrecht, C Rn. 42; *Kunig*, in: v. Münch/ders., Grundgesetz-Kommentar, Art. 2 Rn. 32.

398 So *Hirsch*, Sondervotum, BVerfGE 57, 182 (194, 202); a.A. *Wand*, Sondervotum, BVerfGE 57, 204 (219 f.).

399 *Jarass*, in: ders./Pieroth, Grundgesetz, Art. 10 Rn. 2.

400 *Dürig*, in: Maunz/ders., Grundgesetz, Art. 10 Rn. 17; *Jarass*, in: ders./Pieroth, Grundgesetz, Art. 10 Rn. 2, 11; *Wolfgang Löwer*, in: Ingo von Münch/Philip Kunig (Hrsg.), Grundgesetz-Kommentar, Bd. I, 4. Aufl. (1992), Art. 10 Rn. 25.

401 BVerfGE 89, 315 (322).

402 So BVerfGE 60, 329 (339); für eine Fundierung allein auf Art. 2 Abs. 1 GG BVerfGE 81, 1 (10).

dern allein unter Art. 6 Abs. 1 GG. Die einem strafgerichtlich Verurteilten auferlegte Pflicht, seine *Einkommensverhältnisse und die Einkommensverhältnisse seiner Ehefrau offen zu legen und zu belegen*, stellt einen Eingriff in Art. 6 Abs. 1 i.V.m. Art. 2 Abs. 1 und Art. 1 Abs. 1 GG dar, nicht einen Eingriff ausschließlich in Art. 2 Abs. 1 und Art. 1 Abs. 1 GG[403].

Die *Fortführung des Strafverfahrens gegen den Beschwerdeführer in dessen Abwesenheit* verletzt dessen Anspruch auf rechtliches Gehör (Art. 103 Abs. 1 GG), aber nicht i.V.m. Art. 2 Abs. 1 GG, wie das BVerfG meint[404], denn das Recht auf ein faires Verfahren hat hier gerade eine abschließende spezielle Konkretisierung gefunden. Das Gleiche gilt für die Pflicht, das Kindeswohl verfahrensrechtlich dadurch zu sichern, dass *Kindern im familiengerichtlichen Verfahren ein Pfleger zur Wahrung ihrer Interessen zur Seite gestellt wird*[405], wenn zu besorgen ist, dass die Interessen der Eltern in Konflikt zu denen ihrer Kinder geraten. Das BVerfG hat dies mit Art. 6 Abs. 2 S. 2, Art. 2 Abs. 1 i.V.m. Art. 103 Abs. 1 GG begründet[406]. Konsequenter wäre wohl eine Abstützung auf Art. 103 Abs. 1 i.V.m. Art. 6 Abs. 2 S. 2 GG unter Verzicht auf die zusätzliche Zitierung von Art. 2 Abs. 1 GG gewesen. Das BVerfG begründet dagegen die Schutzpflicht des Staates hinsichtlich des Kindeswohls in ständiger Rechtsprechung mit Art. 6 Abs. 2 S. 2 und Art. 2 Abs. 1 GG[407].

Nicht ohne Weiteres einzuleuchten vermag ferner, warum das *Recht eines Arztes, die Mitwirkung an (nicht medizinisch indizierten) Schwangerschaftsabbrüchen zu verweigern*, in den Schutzbereich von Art. 2 Abs. 1 i.V.m. Art. 12 Abs. 1 GG[408] und nicht nur unter Art. 12 Abs. 1 GG, nämlich als negativer Freiheitsgebrauch, der die Folge eines bestimmten subjektiven beruflichen Selbstverständnisses oder ärztlichen Berufsbildes darstellt[409], subsumiert wird, ermöglicht Art. 12 Abs. 1 GG doch mit der Freiheit des Berufs eine gerade in „ihrer Beziehung zur Persönlichkeit des Menschen im ganzen" zu erfassende Betätigung, welche für die Ausformung und Vollendung der Persönlichkeit grundlegende Bedeutung hat[410]. Es ist damit allein der Art. 12 Abs. 1 GG, der die „volle Selbstbestimmung"[411] in beruflichen Fragen, auch in berufsethischen Fragen gewährleistet.

---

403 So aber BVerfG, NJW 1995, S. 2279 (2280).

404 BVerfGE 89, 120 (129); vgl. auch BVerfGE 62, 216 (222). Methodologisch überzeugend dagegen BVerfG, NJW 1998, S. 892 (892).

405 Siehe nunmehr die Institution des Verfahrenspflegers in § 50 FGG.

406 BVerfGE 99, 145 (145 – Ls. 3, 156 ff.); BVerfG, NJW 1999, S. 2175 f.; zu einem anderen Problem (Zugang fristgebundener Schriftstücke bei Gericht) BVerfGE 52, 203 (209); 57, 117 (120).

407 Vgl. bereits für das sorgerechtliche Verfahren BVerfGE 55, 171 (179).

408 So BVerfGE 88, 203 (294).

409 Zur engen inneren Konnexität zwischen der Berufsfreiheit und der Persönlichkeitsentfaltung sowie der Würde des Menschen BVerfGE 7, 377 (402 f.); *Bachof*, GrR III/1, S. 155 (168 f.).

410 So dezidiert BVerfGE 7, 377 (397); vgl. auch *Roemer*, FS DJT, Bd. I, S. 545 (570).

411 *Hillgruber*, MedR 1998, S. 201 (202).

Was die Anordnung der *Einstellung der Zwangsvollstreckung aus einem Räumungsurteil* angeht, die wegen der konkreten Gefahr erfolgt, dass der Räumungsschuldner wegen seines hohen Alters und des langjährigen Mietverhältnisses in seiner neuen Umgebung zum Pflegefall und suizidgefährdet wird, so bemüht das BVerfG Art. 2 Abs. 2 S. 1 i.V.m. Art. 2 Abs. 1 GG als Prüfungsmaßstab[412], obwohl an sich Art. 2 Abs. 2 S. 1 GG genügt hätte. Der Verlust der Autonomie und die Pflegebedürftigkeit, mit denen das Gericht die Schutzergänzung durch Art. 2 Abs. 1 GG rechtfertigt, setzen nämlich ihrerseits einen Zustand körperlicher Hinfälligkeit und/oder geistiger Verwirrung und Orientierungslosigkeit voraus. Staatliche Maßnahmen, die aber derartige Abweichungen vom normalen Gesundheitszustand eines Menschen zur Folge haben (können), greifen in die körperliche Integrität des Einzelnen ein. Der Verlust der Autonomie stellt demgegenüber nur eine unselbständige Konsequenz, einen Annexeingriff dar.

Im Fall „Prinzessin Caroline von Monaco" ging es um den Schutz der Privatsphäre und des Rechts am eigenen Bild. „Paparazzi" hatten Aufnahmen von der Prinzessin und deren Kindern gemacht, welche diese bei privaten, zum Teil alltäglichen Anlässen in ihrer Freizeit außerhalb ihres häuslichen Bereichs (am Strand, im Paddelboot etc.) zeigten. Diese Fotos wurden ohne Einwillung der Betroffenen in einer großen deutschen Boulevardzeitschrift veröffentlicht. Das BVerfG hatte in diesem Zusammenhang erstmalig über die verfassungsrechtliche *Bedeutung des Privatsphärenschutzes für den familiären Umgang mit Eltern und Kindern* zu befinden. Es hat festgestellt, dass Kinder eines besonderen Schutzes bedürften, weil sie sich zu eigenverantwortlichen Personen erst noch entwickeln müssten. Dieses Schutzbedürfnis bestehe auch hinsichtlich der Gefahren, die von dem Interesse der Medien und ihrer Nutzer an Abbildungen von Kindern ausgehen. Wörtlich betonte das Gericht: „Deren (scil.: der Kinder; der Verf.) Persönlichkeitsentfaltung kann dadurch empfindlicher gestört werden als diejenige von Erwachsenen. Der Bereich, in dem Kinder sich frei von öffentlicher Beobachtung fühlen und entfalten dürfen, muß deswegen umfassender geschützt sein als derjenige erwachsener Personen."[413] Dem ist uneingeschränkt zu folgen. Das BVerfG verlangte daher im Ergebnis zu Recht eine erneute verfassungsrechtliche Überprüfung, soweit es um die Fotos ging, auf denen die Beschwerdeführerin zusammen mit ihren Kindern abgebildet war. Nicht richtig gewählt scheint mir hingegen der Prüfungsmaßstab. Das BVerfG untersucht die Verfassungsmäßigkeit des Eingriffs anhand von Art. 2 Abs. 1 i.V.m. Art. 1 Abs. 1 GG und zieht lediglich schutzgehaltsverstärkend Art. 6 Abs. 1 und 2 GG heran, der den Staat verpflichtet, die Lebensbedingungen des Kindes zu sichern, die für sein gesundes Aufwachsen erforderlich sind und zu denen insbesondere die elterliche Fürsorge ge-

[412] So aber BVerfG, NJW 1998, S. 295 (296).
[413] BVerfG, 1 BvR 653/96 v. 15.12.1999, Absatz-Nr. 83.

hört[414]. Soweit es jedoch um den Bereich privater Vertrautheit und Abgeschiedenheit im Kreise der Familie, also um den „Schutz des allgemeinen Persönlichkeitsrechts zugunsten (besser: im Rahmen, der Verf.) spezifischer Eltern-Kind-Beziehungen“[415] geht, wäre jedoch Art. 6 Abs. 1 GG der speziellere, den Art. 2 Abs. 1 i.V.m. Art. 1 Abs. 1 GG verdrängende, Prüfungsmaßstab gewesen, schützt doch Art. 6 Abs. 1 GG alle Bereiche des familiären Zusammenlebens, auch und gerade die privaten. Die objektive Ausstrahlungswirkung von Art. 6 Abs. 2 GG („Wächteramt“ des Staates für das Kindeswohl) hätte auch neben Art. 6 Abs. 1 GG herangezogen werden können. Das subjektive Elternrecht aus Art. 6 Abs. 2 GG steht ohnedies in keiner Grundrechtskonkurrenz zu dem Recht des Kindes aus Art. 6 Abs. 1 GG, innerhalb der Familie seine Persönlichkeit frei zu entfalten.

3. Sonstige berechtigte Schutzergänzungsfälle

Dass der Kategorie der Schutzergänzungsfunktion ihre grundsätzliche Legitimation aber keineswegs pauschal abgesprochen werden kann, unterstreichen folgende Fallkonstellationen, in denen das BVerfG m.E. zu Recht den Art. 2 Abs. 1 GG supplementierend bemüht hat.

Der *Schutz von Steuergeheimnissen* (im Sinne von § 30 AO) ist nach der Auffassung des BVerfG grundrechtlich durch Art. 2 Abs. 1 i.V.m. Art. 1 Abs. 1 und Art. 14 Abs. 1 GG gewährleistet[416]. Dies lässt sich damit begründen, dass es bei Offenbarungspflichten eines Steuerpflichtigen, anders als regelmäßig bei den durch Art. 14 Abs. 1 GG geschützten Geschäfts- und Betriebsgeheimnissen[417], nicht um konkrete Vermögenswerte, sondern um den Schutz von Daten geht, deren Weitergabe einen Bezug auf den Steuerpflichtigen oder auf private Dritte, insbesondere auf deren finanzielle Situation erkennbar werden lässt, die mithin die Selbstdarstellung des Einzelnen nach außen als Teil des Persönlichkeitsrechts und den Geschäftsbetrieb gleichermaßen betreffen. In einer späteren Entscheidung betreffend die Verfassungsmäßigkeit der im Steuerrecht verankerten Auskunfts- und Anzeigepflichten sowie der Ermächtigung zur Ausschreibung von Kontrollmitteilungen (§§ 93 Abs. 1, 194 Abs. 3, 208 Abs. 1 AO) zog das BVerfG zwar als

[414] BVerfG, 1 BvR 653/96 v. 15.12.1999, Absatz-Nr. 84, 114. Dabei betont das BVerfG: „Wie sich die Verstärkung des Persönlichkeitsschutzes durch Art. 6 GG im einzelnen auswirkt, läßt sich nicht generell und abstrakt bestimmen.“ Vgl. auch BVerfG, 1 BvR 1353/99 v. 31.3.2000, Absatz-Nr. 4 f.

[415] BVerfG, 1 BvR 653/96 v. 15.12.1999, Absatz-Nr. 85.

[416] BVerfGE 67, 100 (142).

[417] Siehe dazu *Breuer*, HStR VI, § 148 Rn. 26 f., der zutreffend zwischen Daten mit „personalem Gehalt“ (Art. 2 Abs. 1 GG) und solchen mit „wirtschaftlichem Substrat“ differenziert; ferner *Jarass*, in: ders./Pieroth, Grundgesetz, Art. 2 Rn. 33; Art. 12 Rn. 11; Art. 14 Rn. 17.

Maßstab erneut Art. 2 Abs. 1 i.V.m. Art. 1 Abs. 1 und Art. 14 Abs. 1 GG heran, es ließ es aber ausdrücklich „dahinstehen, ob der Informationszugriff auf privates Finanzkapital und seine Erträge als Vorgang des marktoffenbaren Erwerbs ohne besonderen persönlichkeitsgeprägten Gehalt überhaupt vom Gewährleistungsinhalt des verfassungsrechtlichen Datenschutzes erfaßt wird"[418]. Auch der allgemeine *Datenschutz* einer Gesellschaft, die sich etwa gegen die Beschlagnahme von Aufsichtsratsprotokollen im Rahmen eines parlamentarischen Untersuchungsausschussverfahrens verfassungsprozessual zur Wehr setzen möchte, bestimmt sich nach Art. 2 Abs. 1 i.V.m. Art. 1 Abs. 1 und Art. 14 Abs. 1 GG (ggf. i.V.m. Art. 19 Abs. 3 GG)[419], da durch eine solche Beschlagnahme sowohl Umstände aus dem persönlichen Lebensbereich der Gesellschafter, insbesondere Steuergeheimnisse, als auch wichtige Geschäfts-, Betriebs- und Erfindungsgeheimnisse ans Licht der Öffentlichkeit gelangen können.

Das *Recht, eine gewerbliche Betätigung unter dem eigenen Namen auszuüben*, wird durch Art. 2 Abs. 1, Art. 1 Abs. 1 i.V.m. Art. 12 Abs. 1 GG geschützt[420].

Das Recht einer Tochter, öffentlich und *unter Nennung ihres eigenen Namens zu behaupten, ihr Vater habe sie sexuell missbraucht*, wird von Art. 5 Abs. 1 S. 1 1. Hs. GG und ergänzend von Art. 2 Abs. 1 i.V.m. Art. 1 Abs. 1 GG vermittelt[421]. Es besteht ein untrennbarer sachlicher[422] und zeitlicher Zusammenhang zwischen der Namensnennung und der Meinungsäußerung. Die Nennung des eigenen Namens ist ein Stück Meinungsäußerung und zugleich fällt sie, insofern als der Name als Ausdruck der Identität und Individualität einer Person betroffen ist, in den Schutzbereich des allgemeinen Persönlichkeitsrechts. Denn „im Namen des Urhebers stellt sich die Verbindung zwischen Person und Äußerung erkennbar her"[423].

Die *Aussetzung der Vollstreckung des Restes einer lebenslangen Freiheitsstrafe* (§ 57a Abs. 1 S. 1 Nr. 2 StGB, § 454 Abs. 1 S. 1 StPO) betrifft als komplexer, einheitlicher Sachverhalt sowohl die Freiheit der Person gemäß Art. 2 Abs. 2 S. 2 i.V.m. Art. 104 Abs. 1, Abs. 2 S. 1 GG, als auch das Recht auf ein faires, rechtsstaatliches Verfahren in seinen Teilausprägungen des Grundsatzes der Schuldangemessenheit des Strafens (Art. 2 Abs. 1 i.V.m. Art. 20

[418] BVerfGE 84, 239 (279 f., Zitat S. 280).

[419] BVerfGE 76, 363 (388); 77, 1 (46); 84, 239 (279).

[420] BVerfGE 71, 183 (201).

[421] BVerfGE 97, 391 (397 ff.).

[422] Das BVerfG sah gerade in der Namensnennung einen möglichen Beitrag zur Enttabuisierung eines heiklen sozialen Themas und damit zur Meinungsbildung in der Öffentlichkeit. Außerdem steigere die Namensnennung die Glaubhaftigkeit und Authentizität der Schilderung und fördere eine Überwindung der Opfersituation; vgl. BVerfGE 97, 391 (401 ff., 403, 407).

[423] BVerfGE 97, 391 (398).

Abs. 3 GG)[424] und des Resozialisierungsgebots (Art. 2 Abs. 1 i.V.m. Art. 1 Abs. 1 GG)[425]. Zutreffend stellt das BVerfG fest: „Die Begrenzung des Freiheitsentzugs und die Gewährung einer Chance zur Resozialisierung gehören untrennbar zusammen."[423]

Strafvorschriften, die ein bestimmtes Verhalten des Bürgers (im konkreten Fall ging es um den unerlaubten Umgang mit Cannabisprodukten) *mit Freiheitsstrafe bedrohen*, sind im strafbewehrten Verbot am Maßstab des Art. 2 Abs. 1 GG, in der angedrohten Freiheitsentziehung an Art. 2 Abs. 2 S. 2 GG zu messen[424].

---

424 BVerfGE 86, 288 (310, 313, 317, 326); ebenso – bezogen auf § 64 StGB und § 67d Abs. 5 S. 1 StGB – BVerfGE 91, 1 (27, 34): Danach dürfen freiheitsentziehende Maßregeln der Besserung und Sicherung nicht weiter vollzogen werden, wenn keine hinreichend konkrete Aussicht mehr auf einen Behandlungserfolg besteht. Andernfalls liege ein Verstoß gegen Art. 2 Abs. 1 und Abs. 2 S. 2 GG vor. Vgl. ferner BVerfGE 92, 277 (317).

425 BVerfG, NJW 1998, S. 1133 (1134); NJW 1998, S. 2202 (2203).

426 BVerfG, NJW 1998, S. 2202 (2203).

427 BVerfGE 90, 145 (171); in diesem Punkt nahezu übereinstimmend *Sommer*, Sondervotum, BVerfGE 90, 212 (212; „Art. 2 Abs. 1 in Verbindung mit Art. 1 Abs. 1 und Art. 2 Abs. 2 S. 2 GG").

IX. Resümee

Die vorstehenden Ausführungen haben untermauert, was *Christian Starck* wie folgt ausgedrückt hat: „Das Verhältnis des Art. 2 Abs. 1 zu den anderen Grundrechten kann nicht auf eine einzige Formel gebracht werden."[425] Ein simples Entweder-Oder ist hier deplaziert. Aufgrund der Komplexität und Differenziertheit des Konkurrenzverhältnisses ist das Grundrecht auf freie Entfaltung der Persönlichkeit nicht nur als lex generalis zu den Art. 2 Abs. 2 , Art. 4 ff. GG einzustufen, ihm kommt daneben auch eine Auffang-, Schutzergänzungs- und Schutzvermittlungsfunktion zu. Insofern mischen sich in ihm auf eine eigentümliche Art das Grundverhältnis der Generalität und Formen der Subsidiarität zu einem subtilen, vielschichtigen *Konkurrenzverhältnis sui generis*, das im Zivil- und erst Recht im Strafrecht keine Parallele finden dürfte.

Art. 2 Abs. 1 GG ist folglich der denkbar ungeeignetste Ort für eine Rechtsprechung, die „deutliche Züge zur pragmatischen Grundrechtspolitik"[426] trägt. Es ist ein schmaler Grat, den das BVerfG zu bewältigen hat. Das Freiheitsrecht des Art. 2 Abs. 1 GG bleibt einerseits auch in Zukunft aufgrund seiner Auffang-, Schutzergänzungs- und Schutzvermittlungsfunktion vielfach gefordert, auch als kleine Münze des Verfassungsalltags[427]. Andererseits darf das Grundrecht auf freie Entfaltung der Persönlichkeit nicht überfordert werden, wie dies in der Rechtsprechung des BVerfG zum Teil geschieht[428]. Durch eine zu sehr an den Postulaten der Ergebnisorientiert-

---

[425] *Starck*, in: v. Mangoldt/Klein/ders., Das Bonner GG, Art. 2 Abs. 1 Rn. 7. Vgl. auch allgemein zu den verschiedenen, vom BVerfG alternativ praktizierten Lösungsansätzen zur Bewältigung von Grundrechtskonkurrenzen *Stern*, Staatsrecht III/2, S. 1385 ff.

[426] So krit. gegenüber dem BVerfG *Scholz*, AöR 100 (1975), S. 80 (81), der hinzufügt (aaO., S. 82): „Ob sich diese Grundrechtspolitik allerdings – immanent – auf interpretationstheoretisch gründlichere Reflektionen zu stützen vermag, muß zweifelhaft erscheinen". Diese Einschätzung deckt sich mit dem Eindruck, den der Verf. nach Durchsicht der neueren einschlägigen Urteile des BVerfG gewonnen hat. Allgemein zur methodologischen Unterbilanz des BVerfG *F. Müller*, Juristische Methodik, Rn. 67; *Reiner Schmidt*, Der Staat 19 (1980), S. 235 (237 in Anm. 13); *Stern*, Staatsrecht III/2, S. 1370, 1385.

[427] Zutreffend *Hufen*, NJW 1999, S. 1504 (1509).

[428] Von einer „Überforderung" des Art. 2 Abs. 1 GG sprechen auch *Kunig*, in: v. Münch/ders., Grundgesetz-Kommentar, Art. 2 Rn. 14 („Inflationäre Normverwendung kann die Stärke der betreffenden Norm, zwar nicht ihre Geltung, wohl aber ihre Wirksamkeit beeinträchtigen."); *Nipperdey/Wiese*, GrR IV/2, S. 741 (764); *Seifert/Hömig*, Grundgesetz, Art. 2 Rn. 3. Vgl. auch bereits *Friedrich Klein*, in: v. Mangoldt/ders., Das

heit und der Prozessökonomie ausgerichtete Spruchpraxis und durch die Vorstellung einer totalen Auffangfunktion droht Art. 2 Abs. 1 GG „bis zur Gefahr der Grundrechtsermüdung strapaziert und als verfassungsrechtlicher Notnagel für Grundrechtserfindungen begriffen zu werden“[429]. Paradebeispiel hierfür ist die Rechtsprechung zum Privatsphärenschutz, in der das BVerfG die Bedeutung der speziellen Persönlichkeitsschutzrechte zu geringschätzt und daher vorschnell auf Art. 2 Abs. 1 GG durchgreift[430]. Erst in den beiden letzten Briefkontroll-Entscheidungen[431] zeichnen sich vorsichtige, noch nicht generalisierungsfähige Ansätze zu einer Kurskorrektur in Richtung auf eine Reakzentuierung der Einzelfreiheitsrechte ab.

Bonner GG, Art. 2 Anm. II 2: „Art. 2 (Abs. 1 Halbs. 1) ist die wohl am meisten beanspruchte und am stärksten überforderte Grundrechtsbestimmung des Grundgesetzes.“ Ferner *Günter Dürig*, Freizügigkeit, in: Franz L. Neumann/Hans Carl Nipperdey/Ulrich Scheuner (Hrsg.), Die Grundrechte, Bd. II, 2. Aufl. (1968), S. 507 (519 Anm. 48). Eine parallele Diagnose für Art. 1 Abs. 1 GG bei *Horst Dreier*, Menschenwürdegarantie und Schwangerschaftsabbruch, DÖV 1995, S. 1036 (insbes. S. 1039).

429 *Merten*, JuS 1976, S. 345 (345); ebenso *Bleckmann*, Staatsrecht II, § 22 Rn. 2.

430 Vgl. *Rohlf*, Privatsphäre, S. 82, 129 ff. (131), 237 Anm. 227.

431 BVerfGE 90, 255 (260); BVerfG, NJW 1997, S. 185 (186).

Literaturverzeichnis

(Auswahlbibliographie)

Alexy, Robert: Theorie der Grundrechte, 2. Aufl. (1994).
Arnauld, Andreas von: Die Freiheitsrechte und ihre Schranken, Baden-Baden 1999 (zit.: Freiheitsrechte).
– Strukturelle Fragen des allgemeinen Persönlichkeitsrechts, in: ZUM 1996, S. 286–292.
Bachof, Otto: Freiheit des Berufs, in: Karl August Bettermann/Hans Carl Nipperdey/Ulrich Scheuner (Hrsg.), Die Grundrechte, Bd. III/1, 1958, S. 155–265 (zit.: GrR III/1).
Badura, Peter: Staatsrecht, 2. Aufl. (1996).
Berg, Wilfried: Konkurrenzen schrankendivergenter Freiheitsrechte im Grundrechtsabschnitt des Grundgesetzes, 1968 (zit.: Konkurrenzen).
Bethge, Herbert: Zur Problematik von Grundrechtskollisionen, 1977.
– Grundrechtskonflikte, in: Ergänzbares Lexikon des Rechts, Bd. 2, 1992, Nr. 5/340 (zit.: ErgLdR).
Blaesing, Heiner: Grundrechtskollisionen, Diss. iur., Bochum 1974.
Bleckmann, Albert: Staatsrecht II. Die Grundrechte, 4. Aufl. (1997).
Bleckmann, Albert/Wiethoff, Claudia: Zur Grundrechtskonkurrenz, in: DÖV 1991, S. 722–730.
Böckenförde, Ernst-Wolfgang: Grundrechtstheorie und Grundrechtsinterpretation, in: NJW 1974, S. 1529 ff., zit. nach *ders.*, Staat, Verfassung, Demokratie, 1991, S. 115–145.
Brandner, Hans Erich: Das allgemeine Persönlichkeitsrecht in der Entwicklung durch die Rechtsprechung, in: JZ 1983, S. 689–694.
Breuer, Rüdiger: Freiheit des Berufs, in: Josef Isensee/Paul Kirchhof (Hrsg.), Handbuch des Staatsrechts der Bundesrepublik Deutschland, Bd. VI, 1989, § 147 (zit.: HStR V, § 147).
Brugger, Winfried: Liberalismus, Pluralismus, Kommunitarismus, 1999.
Burgi, Martin: Das Grundrecht der freien Persönlichkeitsentfaltung durch einfaches Gesetz, in: ZG 1994, S. 341–366.
Degen, Manfred: Pressefreiheit, Berufsfreiheit, Eigentumsgarantie, 1981.
Degenhart, Christoph: Die allgemeine Handlungsfreiheit des Art. 2 I GG, in: JuS 1990, S. 161–169.
– Das allgemeine Persönlichkeitsrecht, Art. 2 I i.V.m. Art. 1 I GG, in: JuS 1992, S. 361–368.
Dietz, Rolf: Anspruchskonkurrenz bei Vertragsverletzung und Delikt, 1934 (zit.: Anspruchskonkurrenz).
Dolzer, Rudolf (Hrsg.): Bonner Kommentar zum Grundgesetz, Loseblattausgabe, 1950 ff., Stand: 79. Ergänzungslieferung (März 1997) (zit.: BK-GG).
Dreier, Horst (Hrsg.): Grundgesetz. Kommentar, Bd. I, 1996, Bd. II, 1998 (zit.: Bearbeiter, in: H. Dreier, Grundgesetz).
Dürig, Günter: Art. 2 des Grundgesetzes und die Generalermächtigung zu allgemeinpolizeilichen Maßnahmen, in: AöR 79 (1953/54), S. 57–86.
Duttge, Gunnar: Freiheit für alle oder allgemeine Handlungsfreiheit?, in: NJW 1997, S. 3353–3355.

Ehmke, Horst: Prinzipien der Verfassungsinterpretation, in: VVDStRL 20 (1963), S. 53–102.
Enders, Christoph: Die Menschenwürde in der Verfassungsordnung, 1997 (zit.: Menschenwürde).
Erichsen, Hans-Uwe: Staatsrecht und Verfassungsgerichtsbarkeit I, 3. Aufl. (1982).
– Das Grundrecht aus Art. 2 Abs. 1 GG, in: Jura 1987, S. 367–373.
– Allgemeine Handlungsfreiheit, in: Josef Isensee/Paul Kirchhof (Hrsg.), Handbuch des Staatsrechts der Bundesrepublik Deutschland, Bd. VI, 1989, § 152 (zit.: HStR VI, § 152).
Evers, Hans-Ulrich: Zur Auslegung von Art. 2 Abs. 1 des Grundgesetzes, insbesondere zur Persönlichkeitskerntheorie, AöR 90 (1965), S. 88–98.
Fohmann, Lothar H.: Konkurrenzen und Kollisionen im Grundrechtsbereich, in: EuGRZ 1985, S. 49–62.
Gallwas, Hans-Ullrich: Grundrechte, 2. Aufl. (1995).
Giacometti, Zaccaria: Die Freiheitsrechtskataloge als Kodifikation der Freiheit, in: ZSchwR 74 (1955), S. 149–171.
Gusy, Christoph: Der Grundrechtsschutz von Ehe und Familie, in: JA 1986, S. 183–189.
Häberle, Peter: Die Wesensgehaltsgarantie des Art. 19 Abs. 2 Grundgesetz. Zugleich ein Beitrag zum institutionellen Verständnis der Grundrechte und zur Lehre vom Gesetzesvorbehalt, 3. Aufl. (1983) (zit.: Wesensgehaltsgarantie).
Hesse, Ernst: Die Bindung des Gesetzgebers an das Grundrecht des Art. 2 I GG bei der Verwirklichung einer „verfassungsmäßigen Ordnung", 1968 (zit.: Bindung).
Hesse, Konrad: Grundzüge des Verfassungsrechts der Bundesrepublik Deutschland, 20. Aufl. (1995) (zit.: Grundzüge).
Hillgruber, Christian: Der Schutz des Menschen vor sich selbst, 1992 (zit.: Schutz).
– Grundrechtsschutz des Arztes für die Vornahme von Schwangerschaftsabbrüchen?, in: MedR 1998, S. 201–205.
Höfling, Wolfram: Vertragsfreiheit. Eine grundrechtsdogmatische Studie, 1991.
– Offene Grundrechtsinterpretation. Grundrechtsauslegung zwischen amtlichem Interpretationsmonopol und privater Konkretisierungskompetenz, 1987.
– Grundrechtstatbestand – Grundrechtsschranken – Grundrechtsschrankenschranken, in: Jura 1994, S. 169–173.
Huber, Ernst-Rudolf: Wirtschaftsverwaltungsrecht, Bd. 1, 2. Aufl., 1953.
Hutzelmann, Helmut: Die prozessuale Bedeutung des Elfes-Urteils des Bundesverfassungsgerichts (BVerfGE 6, 32), Diss. Regensburg , o. J. (ca. 1970) (zit.: Bedeutung).
Ipsen, Jörn: Staatsrecht II (Grundrechte), 2. Aufl. (1998).
Isensee, Josef: Wer definiert die Freiheitsrechte? Selbstverständnis der Grundrechtsträger und Grundrechtsauslegung des Staates, 1980.
– Die Grundrechte als Abwehrrechte und als staatliche Schutzpflicht, in: ders./Paul Kirchhof (Hrsg.), Handbuch des Staatsrechts der Bundesrepublik Deutschland, Bd. V, 1992, § 111 (zit.: HStR V, § 111).
Jarass, Hans D.: Das allgemeine Persönlichkeitsrecht im Grundgesetz, in: NJW 1989, S. 857–862.
Jarass, Hans D./Pieroth, Bodo: Grundgesetz für die Bundesrepublik Deutschland. Kommentar, 5. Aufl. (2000) (zit.: Grundgesetz).
Karaus, Christian: Der grundrechtliche Schutz der Privatsphäre bei der Erhebung, Verarbeitung und Weitergabe von statistischen Daten, Diss. iur. Tübingen 1985 (zit.: Privatsphäre).
Kramer, Ernst A.: Juristische Methodenlehre, 1998.
Krebs, Walter: Vorbehalt des Gesetzes und Grundrechte. Vergleich des traditionellen Eingriffsvorbehalts mit den Grundrechtsbestimmungen des Grundgesetzes, 1975.
Kriele, Martin: Grundrechte und demokratischer Gestaltungsspielraum, in: Josef Isensee/Paul Kirchhof (Hrsg.), Handbuch des Staatsrechts der Bundesrepublik Deutschland, Bd. V, 1992, § 110 (zit.: HStR V, § 110).

Krüger, Herbert: Neues zur Freiheit der Persönlichkeitsentfaltung und deren Schranken, in: NJW 1955, S. 201 ff.
Kunig, Philip: Das Rechtsstaatsprinzip. Überlegungen zu seiner Bedeutung für das Verfassungsrecht der Bundesrepublik Deutschland, 1986.
– Der Reiter im Walde, in: Jura 1990, S. 523–528.
– Der Grundsatz informationeller Selbstbestimmung, in: Jura 1993, S. 595–604.
Larenz, Karl: Methodenlehre der Rechtswissenschaft, 6. Aufl. (1991).
Larenz, Karl/Canaris, Claus-Wilhelm: Methodenlehre der Rechtswissenschaft, 3. Aufl. (1995).
Lepa, Manfred: Grundrechtskonflikte, in: DVBl. 1972, S. 161–167.
Lerche, Peter: Übermaß und Verfassungsrecht. Zur Bindung des Gesetzgebers an die Grundsätze der Verhältnismäßigkeit und Erforderlichkeit, 1961.
– Grundrechtlicher Schutzbereich, Grundrechtsprägung und Grundrechtseingriff, in: Josef Isensee/Paul Kirchhof (Hrsg.), Handbuch des Staatsrechts der Bundesrepublik Deutschland, Bd. V, 1992, § 121 (zit.: HStR V, § 121).
– Grundrechtsschranken, in: ebd., § 122 (zit.: HStR V, § 122).
Lindner, Josef Franz: Die gleichheitsrechtliche Dimension des Rechts auf freie Entfaltung der Persönlichkeit (Art. 2 I GG), in: NJW 1998, S. 1208–1210.
Luhmann, Niklas: Grundrechte als Institution. Ein Beitrag zur politischen Soziologie, 1965.
Mangoldt, Hermann von/Klein, Friedrich (Hrsg.): Das Bonner Grundgesetz, 2. Aufl., Bd. 1, 1957 (zit.: Bearbeiter, in: v. Mangoldt/Klein, Das Bonner GG).
Mangoldt, Hermann von/Klein, Friedrich/Starck, Christian (Hrsg.): Das Bonner Grundgesetz, 4. Aufl., Bd. 1, 1999 (zit.: Bearbeiter, in: v. Mangoldt/Klein/Starck, Das Bonner GG).
Manssen, Gerrit: Privatrechtsgestaltung durch Hoheitsakt, 1994 (zit.: Privatrechtsgestaltung).
Maunz, Theodor/Dürig, Günter u.a. (Hrsg.): Grundgesetz. Kommentar, Loseblattausgabe, 1958 ff., Stand: 35. Ergänzungslieferung (Februar 1999) (zit.: Bearbeiter, in: Maunz/Dürig, Grundgesetz).
Maunz, Theodor/Zippelius, Reinhold: Deutsches Staatsrecht, 30. Aufl. (1998).
Merten, Detlef: Das Recht auf freie Entfaltung der Persönlichkeit, in: JuS 1976, S. 345–351.
– Vereinsfreiheit, in: Josef Isensee/Paul Kirchhof (Hrsg.), Handbuch des Staatsrechts der Bundesrepublik Deutschland, Bd. VI, 1989, § 144 (zit.: HStR VI, § 144).
Morlok, Martin: Selbstverständnis als Rechtskriterium, 1993.
Müller, Friedrich: Die Positivität der Grundrechte. Fragen einer praktischen Grundrechtsdogmatik, 1969.
– Juristische Methodik, 7. Aufl. (1997).
Müller, Jürgen: Auswirkungen der unterschiedlichen Auffassungen zum Rechtscharakter des Art. 2 Abs. 1 GG und zu dessen Schranken, 1972 (zit.: Auswirkungen).
Münch, Ingo von (Hrsg.): Grundgesetz-Kommentar, 3. Aufl., Bd. 1, 1985.
Münch, Ingo von/Kunig, Philip (Hrsg.): Grundgesetz-Kommentar, 4. Aufl., Bd. 1, 1992.
Nieuwland, Herwig van: Darstellung und Kritik der Theorien der immanenten Grundrechtsschranken, Diss. Göttingen 1981 (zit.: Darstellung und Kritik).
Nipperdey, Hans Carl/Wiese, Günther: Freie Entfaltung der Persönlichkeit, in: Karl August Bettermann/Hans Carl Nipperdey (Hrsg.), Die Grundrechte, Bd. IV/2, 1962, S. 741–909 (zit.: GrR IV/2).
Ossenbühl, Fritz: Probleme und Wege der Verfassungsauslegung, in: DÖV 1965, S. 649–661.
Peters, Hans: Das Recht auf freie Entfaltung der Persönlichkeit in der höchstrichterlichen Rechtsprechung, 1963 (zit.: Recht).
– Die freie Entfaltung der Persönlichkeit als Verfassungsziel, in: Dimtri S. Constantopoulos/Hans Wehberg (Hrsg.), Gegenwartsprobleme des Internationalen Rechtes und der Rechtsphilosophie, Festschrift für Rudolf Laun zu seinem 70. Geburtstag, 1953, S. 669–678 (zit.: FS Laun).

Pieroth, Bodo: Der Wert der Auffangfunktion des Art. 2 Abs. 1 GG. Zu einem bundesverfassungsgerichtsinternen Streit um die allgemeine Handlungsfreiheit in: AöR 115 (1990), S. 33–44.

Pieroth, Bodo/Schlink, Bernhard: Grundrechte. Staatsrecht II, 15. Aufl. (1999).

Rennert, Klaus: Das Reiten im Walde – Bemerkungen zu Art. 2 I GG, in: NJW 1989, S. 3261–3263.

Röhl, Klaus F.: Allgemeine Rechtslehre, 1994.

Roemer, Walter: Zum Grundrecht der freien Entfaltung der Persönlichkeit, in: Festschrift zum hundertjährigen Bestehen des Deutschen Juristentages, Bd. I, 1960, S. 545–575 (zit.: FS DJT).

Rohlf, Dietwalt: Der grundrechtliche Schutz der Privatsphäre. Zugleich ein Beitrag zur Dogmatik des Art. 2 Abs. 1 GG, 1980 (zit.: Privatsphäre).

Rohrer, Beat: Beziehungen der Grundrechte untereinander, 1982 (zit.: Beziehungen).

Rüfner, Wolfgang: Grundrechtskonflikte, in: Christian Starck (Hrsg.), Bundesverfassungsgericht und Grundgesetz, Festgabe aus Anlaß des 25jährigen Bestehens des Bundesverfassungsgerichts, Bd. 2 (Verfassungsauslegung), 1976, Bd. 2, S. 453–479 (zit.: FG BVerfG II).

– Überschneidungen und gegenseitige Ergänzungen der Grundrechte, in: Der Staat 7 (1968), S. 41–61.

Rüpke, Giselher: Der verfassungsrechtliche Schutz der Privatheit, 1976 (zit.: Privatheit).

Rüthers, Bernd: Rechtstheorie, 1999.

Sachs, Michael: Die Gesetzesvorbehalte der Grundrechte des Grundgesetzes, in: JuS 1995, S. 693–697.

– Grundrechtsbegrenzungen außerhalb von Gesetzesvorbehalten, in: JuS 1995, S. 984–989.

– (Hrsg.): Grundgesetz. Kommentar, 2. Aufl. (1999) (zit.: Bearbeiter, in: Sachs, Grundgesetz).

Schendzielorz, Bernd: Umfang und Grenzen der straffreien Beleidigungssphäre, 1993 (zit.: Umfang).

Schenke, Wolf-Rüdiger: Das Grundrecht des Art. 2 I GG, in: JuS 1987, S. L 65–68.

Scheuner, Ulrich: Pressefreiheit, in: VVDStRL 22 (1965), S. 1–100.

– Die Funktion der Grundrechte im Sozialstaat, DÖV 1971, S. 505 ff., zit. nach ders., Staatstheorie und Staatsrecht, Gesammelte Schriften, 1978, S. 737–758.

Schmid, Viola: Die Familie in Artikel 6 des Grundgesetzes, 1989 (zit.: Familie).

Schmidt, Reiner: Öffentliches Wirtschaftsrecht, AT, 1990.

Schmidt, Walter: Die Freiheit vor dem Gesetz. Zur Auslegung des Art. 2 Abs. 1 des Grundgesetzes, in: AöR 91 (1966), S. 42–85.

Schmidt-Bleibtreu, Bruno/Klein, Franz (Hrsg.): Kommentar zum Grundgesetz, 9. Aufl. (1999).

Schmitt Glaeser, Walter: Die Meinungsfreiheit in der Rechtsprechung des Bundesverfassungsgerichts, in: AöR 113 (1988), S. 52–100.

– Schutz der Privatsphäre, in: Josef Isensee/Paul Kirchhof (Hrsg.), Handbuch des Staatsrechts der Bundesrepublik Deutschland, Bd. VI, 1989, § 129 (zit.: HStR VI, § 129).

Schneider, Harald: Die Güterabwägung des Bundesverfassungsgerichts bei Grundrechtskonflikten, 1979 (zit.: Güterabwägung).

Schneider, Peter: In dubio pro libertate, in: Ernst von Caemmerer/Ernst Friesenhahn/Richard Lange (Hrsg.), Hundert Jahre deutsches Rechtsleben. Festschrift zum hundertjährigen Bestehen des Deutschen Juristentages 1860–1960, Bd. 2, 1960, S. 263–290 (zit.: FS DJT).

– Prinzipien der Verfassungsinterpretation, in: VVDStRL 20 (1963), S. 1–52.

Scholz, Rupert: Das Grundrecht der freien Entfaltung der Persönlichkeit in der Rechtsprechung des Bundesverfassungsgerichts, in: AöR 100 (1975), S. 80–130, S. 265–290.

Schulz-Schaeffer, Helmut: Der Freiheitssatz des Art. 2 Abs. 1 Grundgesetz, 1971 (zit.: Freiheitssatz).
Schwabe, Jürgen: Probleme der Grundrechtsdogmatik, 1977.
– Grundrechtskonkurrenzen, in: JA 1979, S. 191–196.
Schwacke, Peter: Grundrechtliche Spannungslagen, 1975.
Schwarz, Kyrill-A.: Das Postulat lückenlosen Grundrechtsschutzes und das System grundgesetzlicher Freiheitsgewährleistung, in: JZ 2000, S. 126–131.
Seifert, Karl-Heinz/Hömig, Dieter: Grundgesetz für die Bundesrepublik Deutschland. Kommentar, 6. Aufl. (1999) (zit.: Grundgesetz).
Sokolish, Heinz-Gerd: Nochmals: Das Recht auf freie Entfaltung der Persönlichkeit, in: JuS 1976, S. 776–778.
Starck, Christian: Die Grundrechte des Grundgesetzes, in: JuS 1981, S. 237–246.
– Die Verfassungsauslegung, in: Josef Isensee/Paul Kirchhof (Hrsg.), Handbuch des Staatsrechts der Bundesrepublik Deutschland, Bd. VII, 1992, § 164 (zit.: HStR VII, § 164).
Stein, Ekkehart: Staatsrecht, 16. Aufl. (1998).
Stern, Klaus: Das Staatsrecht der Bundesrepublik Deutschland, Bd. III/1, 1988 (unter Mitarbeit von Michael *Sachs*) (zit.: Staatsrecht III/1).
– Idee und Elemente eines Systems der Grundrechte, in: Josef Isensee/Paul Kirchhof (Hrsg.), Handbuch des Staatsrechts der Bundesrepublik Deutschland, Bd. V, 1992, § 109 (zit.: HStR V, § 109).
– Das Staatsrecht der Bundesrepublik Deutschland, Bd. III/2, 1994 (zit.: Staatsrecht III/2).
Steinbeiß-Winkelmann, Christine: Grundrechtliche Freiheit und staatliche Freiheitsordnung. Funktionen und Regelungsgehalt verfassungsrechtlicher Freiheitsgarantien im Licht neuerer Grundrechtstheorien, 1986 (zit.: Grundrechtliche Freiheit).
Suerbaum, Joachim: Berufsfreiheit und Erlaubtheit, DVBl. 1999, S. 1690–1697.
Schnapp, Friedrich E.: Grenzen der Grundrechte, in: JuS 1978, S. 729–735.
Suhr, Dieter: Entfaltung der Menschen durch die Menschen. Zur Grundrechtsdogmatik der Persönlichkeitsentfaltung, der Ausübungsgemeinschaft und des Eigentums, 1976 (zit.: Entfaltung).
Voßkuhle, Andreas: Bauordnungsrechtliches Verunstaltungsverbot und Bau-Kunst, in: BayVBl. 1995, S. 613–622.
Wassermann, Rudolf (Hrsg.): Alternativkommentar zum Grundgesetz für die Bundesrepublik Deutschland, Bd. 1, 2. Aufl. (1989) (zit.: Bearbeiter, in: AK-GG).
Wehrhahn, Herbert: Systematische Vorfragen einer Auslegung des Art. 2 Abs. 1 des Grundgesetzes, AöR 82 (1957), S. 250–274.
Wintrich, Josef Marquard: Zur Problematik der Grundrechte, 1957.
Ziekow, Jan: Über Freizügigkeit und Aufenthalt. Paradigmatische Überlegungen zum grundrechtlichen Freiheitsschutz in historischer und verfassungsrechtlicher Perspektive, 1997.
Zippelius, Reinhold: Juristische Methodenlehre, 7. Aufl. (1999).

Sachverzeichnis